우리가 사모하는 건강한 교회

압바암마는
하나님 나라의 참된 제자들에게
필요한 지혜와 통찰을 나누기 위해 설립된 문서선교사역 기관입니다.
요한복음 8장 31-32절의 말씀에 따라
첫째, 참된 예수 제자들이 세워지는 일을 위해 섬기며,
둘째, 이를 위해 진리 되신 예수 그리스도 안에 거하도록 사람들을 일깨우며,
셋째, 그 진리로 말미암아 사람들이 참된 자유를 경험하게 만드는 일에 진력합니다.

• '압바암마'(abba amma)는 라틴어로서 '아빠 엄마'라는 뜻입니다.

우리가 사모하는 건강한 교회

개정2쇄 발행 | 2021년 5월 12일
지은이 | 이동원
펴낸곳 | 압바암마
등록번호 | 제 2012-000093호
주소 | 경기도 성남시 분당구 황새울로 258번길 23, 312호

책 값은 뒤표지에 있습니다.
ISBN 978-89-98362-02-7
    978-89-98362-01-0(세트)

편집부에서 독자의 의견을 기다립니다.
plibook21@gmail.com

우리가
사모하는
건강한 교회

이동원 지음

압바암마

Contents

여는 글 6

건강한 교회의 7가지 비전

 **PART 1**

01 에베소 교회의 레슨	건강한 교회는 '첫사랑의 감격'이 살아 있는 교회입니다 10	
02 서머나 교회의 레슨	건강한 교회는 '영적인 부요함'을 추구하는 교회입니다 24	
03 버가모 교회의 레슨	건강한 교회는 '오직 믿음'을 지키며 살아가는 교회입니다 38	
04 두아디라 교회의 레슨	건강한 교회는 '순결한 공동체', '순결한 성도'가 있는 교회입니다 52	
05 사데 교회의 레슨	건강한 교회는 언제나 '깨어 있는' 교회입니다 68	
06 빌라델비아 교회의 레슨	건강한 교회는 '열린 성도'가 있는 '열린 교회'입니다 82	
07 라오디게아 교회의 레슨	건강한 교회는 회개를 통해 주님과의 교제를 회복하는 교회입니다 96	

건강한 교회의 7가지 모델

 PART 2

01 밧모 섬의 레슨	건강한 교회는 언제 어디서나 예배를 드립니다 114
02 골로새 교회의 레슨	건강한 교회는 '영양'과 '환경'이 조화를 이룹니다 128
03 로마 교회의 레슨	건강한 교회는 '좋은 믿음'과 '좋은 헌신'이 있습니다 144
04 고린도 교회의 레슨	건강한 교회는 사랑을 실천하는 성숙함이 있습니다 156
05 갈라디아 교회의 레슨	건강한 교회는 성령을 좇아 행합니다 172
06 빌립보 교회의 레슨	건강한 교회는 하나 되어 선교합니다 188
07 데살로니가 교회의 레슨	건강한 교회는 재림을 향한 특별한 열정이 있습니다 202

여는 글

우리 시대의 화두는 '건강'입니다. 어디를 가나 누구를 만나나 웰빙입니다. 식당도 주택도 문화도 웰빙을 추구하고 있습니다. 지난 세기 교회의 최대 관심은 성장이었습니다. 그러나 성장의 역기능을 동시에 경험하면서 교회들도 역시 건강을 말하기 시작했습니다.

문제는 교회 건강의 모델입니다. 모든 공동체는 나름대로 강점과 약점을 소유합니다. 강점을 살리고 약점을 보완하는 것이 중요합니다. 이런 역할 모범의 가장 좋은 사례는 초대교회들입니다. 성경에 나타난 바로 그 교회들의 현장을 연구하며 우리는 건강한 교회 건강한 신앙의 모델을 찾고자 합니다.

초대교회는 거의 예외 없이 셀(cell) 모델로 출발했습니다. 그래서 현대 교회는 다시 셀교회를 주목하기 시작했습니다. 그것이 우리의 출발점이었고 건강의 비밀이었기 때문입니다. 저 역시 이런 안타까운 시대의 갈망을 안고 초대교회를 돌아보았습니다. 이 책이 셀교회 운동의 또 하나의 로드 맵이 되었으면 합니다. 그래서 이 책을 이 땅의 셀교회 운동 동역자들에게 헌정합니다.

감사하게도 여러 차례 성지 순례를 인도한 경험으로 초대교회의 역사적 현장들과 친숙해진 것이 큰 유익이 되었습니다. 성지 순례길을 탐구하는 이들에게도 도움이 되었으면 합니다. '그때 그 교회들'을 돌아보며 오늘의 교회를 위해 기도한다면 우리는 또 한 번의 진정한 부흥을 경험하게 될 것입니다. 이 책이 성지 순례의 동반 교과서로도 읽혔으면 하는 바람입니다.

이 땅의 교회에서 세상을 바꾸는 역동을 다시 보고 싶습니다.

함께 목자 된,
이동원 드림

 PART 1

건강한 교회는 첫 사랑의 감격이 살아 있는 교회입니다.
주님을 생각하면 아직도 사랑으로 가슴이 뛰는 성도들,
주님의 이름을 부르며
그 이름의 소망 때문에 행복에 겨워
눈물을 흘릴 줄 아는 성도들의 모습을 보고 싶습니다.

건강한 교회의 7가지 비전

01 에베소 교회의 레슨

건강한 교회는 '첫사랑의 감격'이 살아 있는 교회입니다

건강한 교회는 첫 사랑의 감격이 살아 있는 교회입니다.
주님을 생각하면 아직도 사랑으로 가슴이 뛰는 성도들,
주님의 이름을 부르며 그 이름의 소망 때문에
행복에 겨워 눈물을 흘릴 줄 아는 성도들의 모습을 보고 싶습니다.

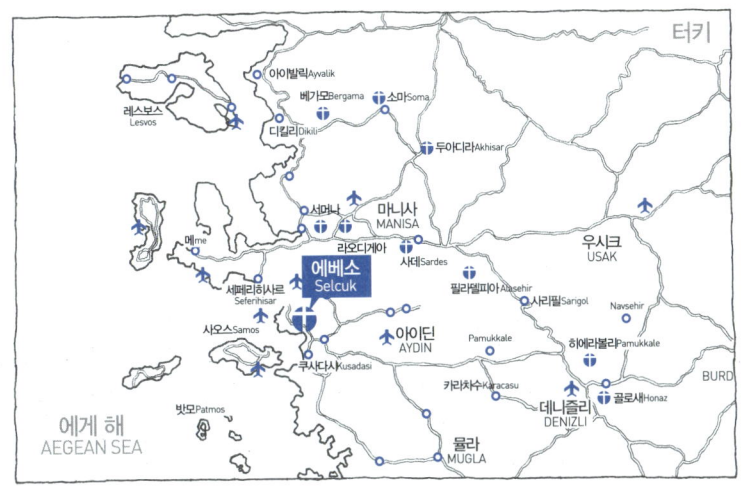

원 지명 에페수스 Ephesus　　**현재 지명** 셀축 Selcuk

역사에서 이름이 최초로 언급된 것은 주전 13세기경의 힛타이트(Hittie, 성서상의 햇 족속) 비문인데, 그 비문에 아파사스(Apasas)라고 불렸던 도시가 바로 이 지역입니다.

본래 에베소 교회는, 사도 바울이 그의 제 2차 선교 여행 중 들렀고, 제 3차 선교 여행 중 선교 전략상 이 도시의 중요성을 인지하여 이곳 에베소에서 약 2년 반을 머물며(바울이 한 곳에 가장 오래 머물렀던 도시) 생명의 위험을 무릅쓰고 전도함으로써 시작되었습니다. 그러나 사도 바울이 에베소를 떠나며 디모데를 이 교회의 지도자로 세웠는데, 초대교회 전승에 따르면 1세기말 다시 디모데가 이곳을 떠나면서 사도 요한이 에베소 교회의 지도자가 되었다고 합니다. 전승에 의하면 사도 요한은 주후 67년을 전후하여 예수님의 어머니 마리아를 모시고 이곳에 도착한 것으로 보입니다. 오늘날 에베소에는 터키의 소피아 성당을 제외하면 가장 큰 사도 요한 기념 교회(요한의 무덤이 이곳에 있음)의 유적이 남아 있습니다.

우리가 사모하는 건강한 교회

최근 우리 한국 사회를 휩쓰는 유행어 중의 하나가 '웰빙'이라는 단어일 것입니다. 소위 웰빙 바람이 불어 왔습니다. '웰'(well)은 '잘'이라는 뜻이고 '빙'(being)은 '존재'라는 뜻입니다. 우리 사회에서는 주로 건강이라는 뜻만으로 통용되지만 본래 이 단어는 아름답고 풍성하게 존재함을 뜻하는 말입니다. 성서적으로 동일하게 이런 의미를 담는 단어가 있는데 그것이 '샬롬'이라는 단어입니다. 샬롬이 우리말로 번역될 때 주로 '평화'라는 단어로 번역되지만 본래의 의미는 매우 심오합니다. 우리네 삶이 관계된 모든 영역에서 질서와 생명, 기쁨으로 충만한 존재의 상태를 뜻하는 말입니다. 이것이 바로 진정한 건강이고 웰빙입니다. 우리 개개인의 존재가 건강하기를 소망하고 우리 교회의 존재도 건강하기를 소망해 봅니다.

20세기 세계 교회의 최대 화두는 '교회 성장'이었습니다. 그리고 거세게 밀려 온 교회 성장 운동의 파도 속에 한국 교회의 성장은 세계적인 모델이 되어 왔습니다. 우리는 이 성장의 은혜를 주신 하나님께 감사를 드려야 합니다. 그러나 무리한 성장의 뒤안길에서 한국 교회는 적지 않은 역기능적인 상처를 안고 아파하는 모습이 되어 교회 안팎에서 제기된 비판의 고통에 직면하게 된 것도 사실입니다. 이제는 성장 이상으로 성숙이 중요해졌고 특히 교회 건강이 최대의 화두가 되었습니다.

사람이 교회를 어떻게 생각하는가? 혹은 우리 사회가 교회를 어떻게 생각하는가도 중요하지만 저는 그보다 더 중요한 질문은 '교회의 주인이신 주님이 오늘의 교회를 어떻게 생각하시는가'라는 물음일 것입니다. 요한계시록은 성경에서 교회의 주 되신 분이 친히 교회에 대한 소견을 직접적으로 밝히신 유일한 본문이 아닌가 싶습니다.

1세기 주님의 사도 요한은 로마의 도미티아누스(Domitianus) 황제(주후 81~96)의 그리스도교 핍박 시절 전도하다가 붙잡혀 간 현재의 그리스 영토인 밧모(patmo) 섬에서 유배 생활을 하다가 주일에 동굴에서 교회를 위해 기도하던 중 지금의 소 아시아에 있던 당시의 일곱 교회를 향하여 말씀하시는 계시의 음성을 듣고 편지를 쓰게 되었습니다(계 1:9-11). 이것이 바로 요한계시록 2-3장의 내용입니다. 일곱(7)이라는 숫자는 완전함을 뜻하는 매우 상징적인 것으로, 일곱 교회는 바로 당시의 모든 교회를 대표하는 교회, 아니 지금까지 세워졌던, 그리고 앞으로 세워질 전 세계 모든 교회의 대표적인 존재로서 선택되었다고 말 할 수 있습니다. 그러므로 우리는 이 일곱 교회를 향하여 말씀하셨던 주님의 음성에서 오늘의 우리 교회를 향해 말씀하시는 주님의 음성을 들을 수 있어야 합니다.

이 일곱 교회를 향한 요한의 편지는 대체로 일정한 틀을 지닌 형태로 전개됩니다. 먼저 각 교회를 향해 말씀하시는 발신자인 주님의 모습을 묘사하고, 다음으로 각 교회를 향한 칭찬과 책망, 끝으로 경고와 권면 그리고 약속("이기는 자에게는…")이 등장합니다.

●사도 바울이 가장 오래 머무르며 세운 교회

요한 계시록 2장 1절에서 주님은 "오른손에 일곱 별을 붙잡고 일곱 금 촛대 사이에 다니시는" 분으로 묘사되어 있습니다. 요한계시록 1장 20절에 의하면 일곱 촛대는 일곱 교회고 일곱 별은 일곱 교회의 사자, 곧 교회 지도자를 의미합니다. 주께서 바로 교회의 주인

<u>임을 나타내는 말씀</u>입니다. 주께서 각 교회에 지도자를 세우시지만 그들을 오른손, 곧 능력의 손에 붙잡고 계신 이는 부활하신 주님, 살아 계신 주님입니다. 교회를 구성하는 여러분과 저의 부족함과 연약함에도 불구하고 교회가 교회된 소명을 감당해 올 수 있었던 것은 그분이 교회를 붙잡고 계시기 때문입니다.

소아시아의 일곱 교회 중 에베소 교회를 사도 요한이 먼저 언급한 이유는 요한이 편지를 쓰던 밧모 섬에서 제일 가까운 교회가 에베소 교회였고, 당시 에베소는 소아시아의 수도와 같은 역할을 담당했으며, 일종의 신 로마(New-Rome)였기 때문일 것입니다.

본래 에베소 교회는, 사도 바울이 그의 제 2차 선교 여행 중 들렀고, 제 3차 선교 여행 중 선교 전략상 이 도시의 중요성을 인지하여 이곳 에베소에서 약 2년 반을 머물며(바울이 한 곳에 가장 오래 머물렀던 도시) 생명의 위험을 무릅쓰고 전도함으로써 시작되었습니다. 그러나 사도 바울이 에베소를 떠나며 디모데를 이 교회의 지도자로 세웠는데, 초대교회 전승에 따르면 1세기 말 다시 디모데가 이곳을 떠나면서 사도 요한이 에베소 교회의 지도자가 되었다고 합니다. 전승에 의하면 사도 요한은 주후 67년을 전후하여 예수님의 어머니 마리아를 모시고 이곳에 도착한 것으로 보입니다. 오늘날 에베소에는 터키의 소피아 성당을 제외하면 가장 큰 사도 요한 기념 교회(요한의 무덤이 이곳에 있음)의 유적이 남아 있습니다.

● 봉사와 인내, 바른 신앙으로 **주님의 칭찬 받아**

에베소 교회는 다음 두 가지 점에서 주께 칭찬을 받았습니다. 첫째는 주를 위해 끊임없이 여러 가지 봉사를 바친 행위, 달리 말하면 복음 전도를 위한 지칠 줄 모르는 수고였고, 그런 와중에서의 희생과 손해를 감수하며 주님의 간섭하심을 기다린 인내였습니다. 둘째로는 바른 신앙의 교리를 지키는 모습이었습니다. 요한계시록 2장 2절을 보십시오.

> "내가 네 행위와 수고와 네 인내를 알고 또 악한 자들을 용납지 아니한 것과 자칭 사도라 하되 아닌 자들을 시험하여 그 거짓된 것을 네가 드러낸 것과"

사실 에베소 교회는 바울이 복음을 전하던 초기부터 많은 박해와 시련을 겪었습니다. 사도행전 19장에 보면 바울의 전도로 그리스 신화에 나오는 아르테미스(디아나) 신전 주변에서 여신의 우상 신상을 만들어 팔던 상인들이 생계의 위협을 받자 바울과 그리스도인들을 격렬하게 핍박했던 것입니다. 그럼에도 불구하고 성도들은 위축되지 않고 여전히 복음을 위해 수고를 아끼지 않았고 전도했고 인내했습니다.

거기다가 에베소 교회는 이단이 발붙이지 못하도록 교리적인 확신 위에 굳게 서 있었습니다. 요한계시록 2장 6절에 보면 니골라 당이라는 이단의 무리가 언급되고 있습니다. 학자들은 이들이 본래 예루살렘 교회의 일곱 집사 중 한 사람인 안디옥 사람 니골라(행전 6:5)를 중심으로 한 무율법주의적 방종에 빠진 무리들로 추정합니다. 에베소 교회는 이런 방종을 단호히 거부했던 것입니다. 복음은 우리에게 자유를 주지만 방종으로 인도하는 것은 아니기 때문입니다. 이것은 오늘날 우리에게도 여전히 필요한 칭찬들이 아닐 수 없습니다. 그러나 이러한 모범에도 당시의 에베소 교인들은 주님의 책망이 필요했던 치명적인 한가지 약점을 드러내 보이기 시작했습니다.

● 책망: "처음 사랑을 버렸느니라!"

에베소 교회를 향한 주님의 질책은 첫 사랑을 버렸다는 것입니다. 요한계시록 2장 4절입니다.

"그러나 너를 책망할 것이 있나니 너의 처음 사랑을 버렸느니라."

인간의 모든 사랑은 가변적일 수밖에 없는 숙명을 지니고 있습니다. 뜨거운 첫 사랑도 식을 수 있는 것입니다. 그래서 결혼은 사랑의 무덤이라는 말도 생겨났을 것입니다. 그래서 결혼은 결국 혼자가 되는 것입니다. 에베소 교인들의 주님 사랑, 성도 사랑도 예외가 아니어서 그렇게 변질되어 갔습니다. 온갖 고난과 핍박을 받으면서도 유지했던 그 따끈했던 사랑도 언제인가부터 식어 가기 시작한 것입니다. 아마도 그렇게 된 까닭은, 진리의 정통성을 사수하기 위해 타인들의 신앙 고백을 지나치게 비판적으로 감시하면서부터 서로 불신이 시작되었기 때문인지도 모릅니다. 바르게 믿는 것 못지않게 사랑하는 것이 중요함을 망각하기 시작한 것입니다. 진리와 사랑의 균형은 언제나 어려운 과제입니다. 사랑을 강조하다 보면 진리를 놓칠 수가 있고, 진리를 강조하다 보면 사랑을 놓칠 수 있습니다. 진리 없는 사랑은 감상이며 무력합니다. 그러나 사랑 없는 '진리'는 결국 인간을 '질리'게 하는 것입니다.

● 비전: **첫사랑**으로 되돌아가라

그러면 우리가 에베소 교회에서 배워야 할 웰빙 교회, 즉 건강한 교회의 비전은 무엇입니까? 그 대답은 첫 사랑의 열정으로 되돌아가는 것입니다. 사도 요한은 그 비밀을 본문에서 가르칩니다. 요한계시록 2장 5절의 권면의 말씀에서 우리는 그 비밀을 배울 수 있습니다. 첫 사랑을 회복하는 비밀입니다. 기억하고 회개하는 것입니다 (Remember and Repent).

첫 사랑을 잃어 가는 부부들에게 상담자들은 종종 추억 여행을 권합니다. 우리가 처음 만났던 곳, 첫 키스를 나누었던 곳, 프러포즈를 했던 곳… 이런 여행을 통해서 우리는 문득 그 첫 사랑의 감회를 되찾고 우리의 사랑의 언약을 기억해 낼 수 있습니다.

마찬가지로 우리는 자주 내가 주님을 처음 만난 그곳으로 기도의 여행을 떠날 필요가 있습니다. 거기서 내가 주님에게 드렸던 약속과 결단을 되새겨야 합니다. 그리고 무엇 때문에 언제부터 내가 그 언약, 그 결심에서 멀어져 갔는가를 기억해내야 합니다.

회개는 돌아가는 것입니다. 탕자가 아버지의 품 아버지의 집으로 돌아가듯 내가 서 있어야 할 그 자리로 돌아가는 것입니다. 기도의 자리로 돌아가는 것입니다. 말씀을 붙잡고 살던 그 자리로 돌아가는 것입니다. 봉사의 자리로 돌아가는 것입니다. 그리고 무엇보다 말씀과 기도로 주님과 뜨겁게 교통하던 그 경건의 자리로 돌아가야 합니다. 부부의 사랑이 식어 가는 이유 가운데 가장 보편적인 것은 의사소통의 부족이라고 합니다. 마찬가지로 그리스도인들이 영적으로 열정을 상실하는 가장 보편적인 원인도 주님과의 교통을 잃어버리기 때문이라고 지적됩니다.

저는 우리 교회가 무슨 큰일을 해내는 것보다 영성이 살아 있는 교회가 되는 것이 더 중요하다고 믿습니다. 여러 가지 일로 마음이 분주했던 마르다가 오로지 한 가지, 주님 바라보는 일에 집중함으로써 '너는 더 좋은 편을 선택했다'는 말씀을 들었다는 사실을 잊지 말아야 합니다.

건강한 교회는 첫 사랑의 감격이 살아 있는 교회입니다. 주님을 생각하면 아직도 사랑으로 가슴이 뛰는 성도들, 주님의 이름을 부르며 그 이름의 소망 때문에 행복에 겨워 눈물을 흘릴 줄 아는 성도들의 모습을 보고 싶습니다. 저는 때때로 이 시대 성도들의 주님 사랑이 욘사마를 향한 열정에도 미치지 못하는 것이 아닐까 싶어 가슴이 답답해집니다. 어찌 욘사마를 '예수사마'에 비교할 수 있겠습니까? 예수님이야말로 우리를 위해 조건 없이 자신의 존재를 그리고 목숨을 버리신 분이 아닌가요? 그 사랑의 자각 때문에 그 사랑 나누기 위하여 주께서는 저와 여러분을 교회라는 공동체의 지체가 되게 하신 것이 아닌가요?

그래서 이 편지를 쓰고 있는 사도 요한은 요한1서에서 "그가 우리를 위해 목숨을 버리셨으니 우리가 이로써 사랑을 알고 우리도 형제를 위하여 목숨을 버리는 것이 마땅하니라"(요일 3:16)고 가르칩니다. 또 "보는 바 그 형제를 사랑치 아니하는 자가 보지 못하는 바 하나님을 사랑할 수가 없느니라"(요일 4:20-21)고 말씀하십니다.

요한이 그렇게 가르친 이유는 그의 사랑하는 주님이 마지막 이 땅을 떠나기 전 제자들의 발을 손수 씻겨 주시며 가르쳐 주신 다락방의 교훈을 잊을 수가 없었기 때문입니다.

"새 계명을 너희에게 주노니 서로 사랑하라. 내가 너희를 사랑한 것 같이 너희도 서로 사랑하라. 너희가 서로 사랑하면 이로써 모든 사람이 너희가 내 제자인 줄 알리라" 요 13:34-35.

이런 사랑의 실천은 사랑의 구체적인 대상과 실천 마당이 없이는 불가능합니다. 우리 교회는 탄생을 준비하던 1993년 11월 14일 주일에 65명이 모였습니다. 이제 출석 성도가 2만여 명을 넘어 모이도록 성장한 우리 교회가 아직도 그 초기의 서로 사랑하는 분위기를 지닌 공동체가 된다는 것이 과연 가능한 과제일까요?

우리는 그것이 가능하다고 믿습니다. 그것이 가능하도록 주께서 우리에게 보여 주신 비전이 바로 셀교회, 곧 목장교회입니다. 우리들 2만여 교인들이 서로 모든 처지를 알고 사랑한다는 것은 불가능합니다. 그러나 교회 속의 교회인 작은 목장교회 안에 들어가 12명 미만의 식구들을 나의 영적인 가족으로 알고 사랑하는 것은 얼마든지 가능한 일입니다. 거기서 예수께서 보여 주신 모범을 따라 이웃들의 발을 씻겨 주며 서로의 상처를 안고 사랑을 배워 가며 치유를 경험해 가는 그곳, 거기에 바로 우리 교회의 미래가 있는 것입니다.

사랑은 쇼가 아닙니다. 사랑은 행사도 아닙니다. 사랑은 더불어 사는 것입니다. 앞으로 우리 교회는 일회성 행사를 지양하고 우리의 믿음과 삶의 마당인 목장교회를 지원하고 섬기는 방향으로 더욱 더 나아갈 것입니다. 그때 비로소 우리 교회는 우리 모두가 소망하고 그리는 웰빙 교회, 건강한 교회가 될 것입니다.

로마의 도미티아누스 황제가 죽은 후 (주후 96) 사도 요한은 밧모섬의 유배에서 풀려나 다시 에베소 교회로 돌아왔습니다. 전승에 의하면 그가 자주 하는 설교는 "소자들아, 서로 사랑하라"였다고 합니다. 그가 몸이 불편하여 제자들이 부축하여 설교단 의자에 앉게 하면서 "선생님, 오늘은 우리에게 새로운 말씀을 들려주십시오" 하면 백발의 요한은 두 손을 들면서 "소자들아 내가 다시 너희에게 이르노니 너희는 서로 사랑하라'고 했다고 합니다.

그렇습니다. 마틴 루터 킹 목사가 노벨상을 수상하는 연설에서 말한 것처럼 "아직도 세상을 움직이는 힘, 그것은 사랑입니다."

맞습니다. 우리의 가정과 사회 그리고 우리 교회를 건강하게 하는 유일한 대안은 여전히 주님께서 가르치신 사랑뿐입니다. 건강한 교회는 그 사랑이 넘쳐흐르는 공동체입니다. 우리 교회가, 그리고 한국교회가 건강한 교회가 되도록 기도해 주시겠습니까?

02 **서머나** 교회의 레슨

건강한 교회는 '영적인 부요함'을 추구하는 교회입니다

원수 사탄이 우리를 아무리 배고프게 할지라도
하늘의 만나로 우리 영혼이 부요할 수 있다면
"내 영혼이 은총 입어 중한 죄 짐 벗고 보니
슬픔 많은 이 세상도 천국으로 화하도다-
초막이나 궁궐이나 그 어디나 하늘나라"라고
찬양할 수 있지 않겠습니까?

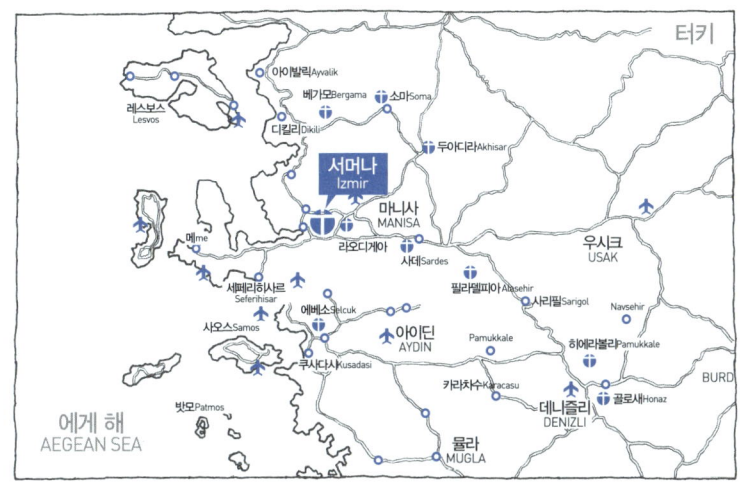

원 지명 스미르나 Smyrna **현재 지명** 이즈미르 Izmir

이즈미르는 터키에서 이스탄불, 앙카라에 이어 세 번째로 큰 항구 도시입니다. 과거 사도 시대에도 에베소에 맞먹는 큰 도시여서 '아시아의 보석'이라고 불렸습니다. 이곳은 주전 3-2세기 희랍 시대에 유대인들이 많이 살았는데 이들이 초대교회를 핍박하였습니다. 순교자 폴리캅은 바로 이들의 핍박을 받아 순교했습니다. 이 도시에는 그를 기념하는 폴리캅 기념 교회가 있습니다.

우리가 사모하는 건강한 교회

여러분 가운데는 '여자의 일생'을 쓴 프랑스 작가 모파상(1850-1893)을 알고 있는 분들이 많을 것입니다. 모파상은 본래 신학교에 들어갔지만 퇴학 당했습니다. 그는 신앙과 결별하기로 하고 자신이 주인이 된 인생을 살겠다고 결심합니다. 그 후 그는 문학에 뜻을 두고 정진하여 10년 만에 유명작가가 되고 돈을 많이 벌게 되었습니다. 1800년대 말에 그는 지중해에 요트를 가지고 있었고 노르망디에 대저택을, 파리에는 호화 아파트를 갖고 쉴 새 없이 애인을 바꾸며 살았습니다. 비평가들은 그에게 찬사를 보냈고 대중들은 그를 흠모했으며 그의 은행에는 넉넉히 쓸 수 있는 돈이 항상 있었지만 그는 안질병과 불면증에 시달리기 시작합니다. 1892년 1월 1일 새해가 밝았지만 인생의 의미를 잃은 그는 종이칼로 자신의 목을 찔러 자살을 기도합니다. 간신히 목숨을 구했지만 정신이 이미 온전하지 않은 그는 정신 병동에서 몇 달을 알 수 없는 소리로 허공을 향해 절

규하다가 겨우 43세의 나이에 세상을 떠납니다. 그의 무덤 묘비에는 그가 말년에 자주 외친 삶의 독백이 기록되어 있습니다.

"나는 모든 것을 소유하고자 했지만 결국 아무 것도 갖지 못했다."

그는 부자의 꿈을 이룬 것 같았으나 실상은 가장 처절하게 가난한 인생을 산 것입니다.

한편 예수님은 1세기에 소아시아 서머나 교회의 성도들에게 편지하시면서 "너희들은 가난한 것 같지만 실상은 부요한 자들"이라고 말씀하셨습니다. 모파상과 정 반대의 인생을 산 사람들이 서머나 성도들이었고 그런 이들의 공동체가 바로 서머나 교회였습니다.

● 박해와 고난의 교회

서머나 교회를 향해 말씀하시는 주님의 모습은 "처음이며 나중이요 죽었다가 살아나신 이"(계 2:8)로 묘사되어 있습니다. 1세기 당시의 서머나 교회는 한마디로 고난 받는 교회였습니다. 고난 받는 교회 성도들에게 죽었다가 다시 사신 주님의 모습보다 더 위로가 되고 더 용기를 주는 이미지가 어디 있겠습니까? 고난 중에 최악의 고난은 죽음일 것입니다. 그런데 주님은 죽음에서 다시 사셨습니다. 죽음을 이기신 것입니다. 바로 그분, 죽음의 승리자시고 역사의 처음과 마지막이 되시는 분, 곧 역사의 주인 되신 분이 서머나 교회를 향해 말씀하고 계신 것입니다.

서머나는 예나 지금이나 부요한 도시였습니다. 현재의 지명은 이즈미르(izmir)라고 불리는데 터키에서 이스탄불, 앙카라에 이어 세 번째로 큰 도시입니다. 과거 사도 시대에도 에베소에 맞먹는 큰 도시여서 '아시아의 보석'이라고 불렸습니다. 그러나 요한은 이 교회의 소망이 로마 제국의 부요가 아닌 부활하신 주님임을 증거한 것입니다.

● 주께서 그 고난을 **알아주셨다**

서머나 교회는 소아시아 일곱 교회 중 책망이 없었던 두 교회 가운데 하나(다른 한 교회는 빌라델비아 교회)였습니다. 복음을 위하여 고난받고 순교까지 하는 성도들에게 무슨 책망을 하시겠습니까? 다만 칭찬과 격려를 주실 뿐이었습니다. 칭찬은 "네 환난과 궁핍을 아노니 실상은 네가 부요한 자니라"(계 2:9) 하는 것이었습니다. 복음 때문에 환난을 당하고 물질적으로 궁핍함을 견디는 것을 주님이 아신다는 말씀이지요. 여기서 궁핍은 상대적인 가난을 뜻하는 것이 아니라, 실제로 헐벗고 굶주리고 있다는 의미입니다. 그러나 주님은 "실상은 네가 부요한 자"라고 하셨습니다. 사실, 주님이 알아주시면 되는 것 아닙니까? 내 인생이 아무리 환난의 연속이어도 그 환난이 환난 당할 만한 가치만 있는 것이라면, 그리고 그것을 내 인생의 주인이신 주께서 알아주신다면 견딜 수 있지 않겠습니까? 원수 사탄이 우리를 아무리 배고프게 할지라도 하늘의 만나로 우리 영혼이 부요할 수 있다면 "내 영혼이 은총 입어 중한 죄 짐 벗고 보니 슬픔 많은 이 세상도 천국으로 화하도다 – 초막이나 궁궐이나 그 어디나 하늘 나라"라고 찬양할 수 있지 않겠습니까?

● 권면: 죽도록 **충성하라**

　서머나 교회를 향해 책망할 것은 없었지만 그래도 권면은 필요했습니다. 다가오는 "10일 동안의 고난"(계 2:9, 10일은 길지 않은 일정한 기간을 나타냄)을 예언하시며 내리신 유명한 권면이 "죽도록 충성하라"

(계 2:10)는 것입니다.

이 예언은 적중했습니다. 주후 156년 2월 2일, 사도 요한의 제자로서 이 서머나 교회의 영적인 지도자가 된 폴리캅이 순교하는 사건이 일어난 것입니다. 당시 로마 황제의 신상 참배를 거절했던 폴리캅과 인근 지역 성도들 11명이 유대인들의 밀고로 체포됩니다. 그러나 폴리캅의 인격과 덕망을 흠모하던 총독은 예수를 욕하고 황제의 신상에 절하면, 당장에 풀어 주겠다고 말합니다. 그러자 폴리캅은 이렇게 대답합니다.

"86년 동안 내가 섬겨 온 주님, 그분은 언제나 나를 인자하심으로 대하셨소. 그런데 내가 어찌 그분을 모독할 수 있단 말이오."

그러자 지방 총독이 말하기를 "네 목숨이 아깝지 않은가? 너를 야수의 밥이 되게 하겠다"고 하자 폴리캅은 조용히 답합니다.

"어서 맹수를 부르시오." 그러자 총독은 다시 "네가 맹수를 두려워 않으니 너를 불태워 죽이겠다"고 위협합니다.

"총독이여, 잠시 있다가 꺼질 이 불보다 장차 심판을 위해 예비된 하나님의 영원한 진노의 불을 두려워하시오."

이윽고 형리들이 장작에 불을 피워 그를 불태워 죽이려고 합니다. 그때 놀라운 기적이 일어났습니다. 불길이 폴리캅을 피해 타오르는 것이었습니다. 결국 박해자들은 그의 육신을 불로 태울 수 없다는 것을 깨닫고 칼로 찔러 죽였습니다.

오늘날 과거 서머나였던 이즈미르를 방문하는 분들은 어김없이 폴리캅 기념 교회를 가 보게 됩니다. 이 교회당 벽에는 17세기 프랑스 화가 레이몽 페레가 그린 폴리캅 순교화가 그려져 있습니다. 레이몽 페레는 이 그림의 한편에 손이 포승줄에 묶인 채 폴리캅의 순교를 지켜보며 자신의 순교 차례를 기다리는 한 사내를 그려 넣었는데, 이 사람은 바로 화가 자신이라고 합니다. 그는 순교란 믿음으로 살고자 하는 성도-누구에게도 경험될 수 있는 사건임을 그리고자 한 것입니다. 사실 성경 본문에 "죽도록 충성하라"는 말은 "죽을 수 있을 정도로 충성하라"는 말입니다. 우리가 예수님을 믿는다고 다 순교할 필요는 없지만 순교적 신앙으로 하루하루를 사는 것은 매우 중요한 일입니다.

● 비전: **영적 부요함**을 추구하라

서머나 교회에서 배워야 할 웰빙 교회, 건강한 교회의 비전은 무엇일까요?

그것은 영적인 부요를 추구하는 교회상입니다. 웰빙 교회, 건강한 교회는 영적인 부요를 추구하는 교회입니다. 그렇다면 무엇이 우리를 영적인 부요한 자가 되게 할까요? 서머나 교회가 오늘의 교회와 성도에게 던지는 도전을 다음 세가지로 요약할 수 있습니다.

첫째, 신앙 고백이 확실해야 합니다.

폴리캅 감독처럼 어떤 경우에도 포기할 수 없는 신앙의 고백을 가지고 살아가야 합니다. 만일 지금 이 순간, 저와 여러분이 그리스도인임을 밝힌다면 사업상의 불이익을 당하고 직장 승진에서 배제되며 미래가 불투명해진다 해도 그리스도가 나의 구주요 주님임을 선언하며 살아갈 용의가 있으신가요? 이런 그리스도인이 많은 교회야말로 영적으로 부요한 웰빙 교회라 할 만 합니다. 예수가 나의 주님이라는 분명한 신앙 고백이 없고, 주님을 위해 어떤 손해를 볼 각오도 희생할 의지도 없는 성도만으로 채워지는 교회라면, 아무리 성도의 수가 많다 하더라도 그 교회는 건강한 교회가 아니라 매우 깊은 병에 신음하는 공동체에 지나지 않을 것입니다.

둘째, 하나님의 백성이라는 자존심을 갖고 살아야 합니다.

1세기의 서머나 교회가 특히 유대인들로부터 고난을 당한 이유는 스스로를 '하나님께서 선택하신 백성'이라고 고백한 까닭이었습니다. 유대인들은 자신이야말로 이 땅에서 유일한 선민이라고 믿고 있었는데, 어느 날 그리스도인들이 나타나 자기들이 진정한 선민이요 영적인 이스라엘이라고 선언하니 도저히 그리스도인들을 그대로 두어서는 안 되겠다고 판단한 것입니다. 그래서 유대인들은 그리스도인들을 박해하기 시작하였습니다. 다시 말하면 그들이 사탄 노릇을 시작한 것입니다. 그것이 주께서도 "유대인들의 훼방"(계2:9)을 언급하시고 그들의 모임을 가르쳐 "사단의 회"(계 2:9)라고 말씀하신 이유였습니다. 하지만 유대인들도 로마인들도 초대 그리스도인들의 선민의식을 꺾을 수는 없었습니다.

우리가 진정 하늘과 땅을 지으시고 다스리시는 하나님의 자녀요 백성이라면 무엇을 두려워하겠습니까? 누구를 부러워하겠습니까? 천문학적인 물질을 가지고도 아직도 탐욕에 목말라하고 있다면 그는 여전히 가난한 사람이요, 아무리 세상이 그를 가난하게 보아도 그에게 부족함이 없다면 그가 바로 부요한 사람이 아니겠습니까? 이것이 바로 하나님의 백성들이라는 자존심이어야 합니다.

셋째, 죽음 건너편을 바라보는 신앙이 있어야 합니다.

주님의 말씀을 받은 후 1세기의 서머나 교회는 문자 그대로 고난을 잘 견디고 승리했습니다. 폴리캅 감독의 순교를 치른 후에도 교회는 고난을 잘 견디고 계속 복음 전파의 사명을 감당했습니다. 저는 그 이유가 이 교회에 약속된 소망을 바라볼 수 있었기 때문이라고 믿습니다. 자, 무슨 약속이 있었습니까? 요한 계시록 2장 10절에, 죽도록 충성하면 생명의 면류관을 주리라는 언약을 기억했을 것입니다. 11절에, 이기는 자에게는 "둘째 사망의 해를 받지 아니하리라"는 언약을 기억했을 것입니다. 요한 계시록은 우리가 정말 두려워할 것은 우리가 흔히 말하는 죽음(첫째 사망)이 아니라 죽음 다음에 오는 죽음(둘째 사망), 곧 하나님의 심판이라고 가르칩니다. 그런데 예수 믿고 신실하게 산 사람들에게는 심판이 없고 영원한 천국에서 하나님의 상급을 누릴 것이라고 약속하십니다.

현실의 고난을 이기는 최선의 준비는 천국 신앙입니다. 오늘날 우리나라의 지식인 그리스도인 가운데는 천국 신앙을 타계 신앙으로 비하하는 경향이 있습니다만 저는 오늘의 그리스도인들이 현실에 쉽게 타협하고 연약해지는 원인이 천국 신앙의 상실 내지는 약화 때문이라고 믿습니다. 우리가 참으로 천국을 믿는다면 이 땅에서의 돈과 권력을 집착할 이유가 없을 것입니다. 하늘에 보물을 쌓아 둔 사람들이 이 땅의 보물에 목말라할 까닭이 없지 않습니까?

제가 아는 믿는 형제 중에 중소기업을 운영하는 분이 있었습니다. 가끔 이분 회사에 가서 예배를 인도하곤 했습니다. 그런데 이분이 여러 해 전 갑자기 믿음이 좋아지더니 회사에서 세금을 정직하게 신고하고 그대로 내기로 결심했습니다. 그런데 그 결과, 회사가 망했습니다. 그래서 제가 위로 차 만났습니다. 그랬더니 놀랍게도 이 분이 담담한 것 아닙니까? 괜찮으냐고 물었더니 올바르게 살려고 하다가 망했으니 후회가 없다는 것입니다. 그래도 마음이 안되어 제가 "주님, 이런 분은 어떻게 도와주셔야 하지 않습니까?"하고 기도 드렸습니다.

그런데 얼마 후 그 회사의 간부였던 분이 우리 교회에 온 일이 있었습니다. 그분은 원래 믿음의 열정이 없던 분이었습니다. 그래서 자초지종 물었더니, 의외의 이야기를 들려 주는 것이었습니다. 그 사장님이 예수님 뜻대로 하다가 회사가 망했으니 이제부터는 사장님이 예수를 안 믿을 줄 알았다는 것입니다. 그런데 뜻밖에도 사장님은 믿음에 변함이 없고, 예수 믿는 사람답게 회사를 정리하여 직원들에게 모든 것을 나누었다고 합니다. 그래서 그는 그 모습을 보고 사장님이 믿는 하나님은 진짜 하나님이고 진짜 예수님이라는 생각이 들어 자기 뿐만 아니라 다른 여러 직원들도 함께 예수를 믿기로 했다는 것입니다.

　그때 저는 비로소 이분이 실제로는 망하지 않았다는 것을 깨달았습니다. 비록 회사는 넘어졌지만 그 결과 이 소중한 영혼들을 구원한 것입니다. 비로소 이분이야말로 영적인 부요를 추구한 것이라는 점을 깨달은 것입니다. 저는 최근에 이분이 훌륭하게 재기했다는 소식을 들었습니다.

　제가 그리는 건강한 교회는 이런 영적인 부요를 추구하는 성도들로 넘치는 공동체입니다. 우리 교회가 이런 교회가 되도록 여러분 한 분 한 분이 먼저 이렇게 영적인 부요를 추구하는 인생을 살아 주시길 바랍니다.

03 버가모 교회의 레슨

건강한 교회는 '오직 믿음'을 지키며 살아가는 교회입니다

평생을 믿음으로 살아가는 간증을 가진 교우들이 넘치는 교회
이것이 바로 건강한 교회가 아니겠습니까?
우리 교회가 바로 그런 교회가 되어 병든 이웃을 치유하고
병든 세상을 변화시키는 교회가 되도록
기도해 주시겠습니까?

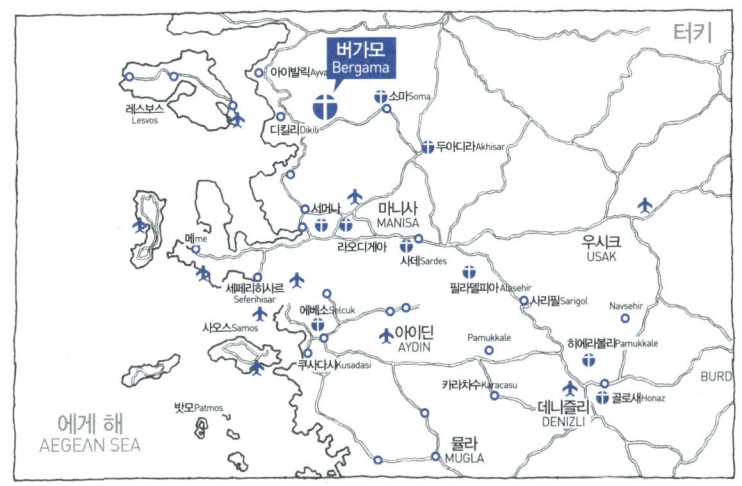

원 지명 페르가몬 Pergamon   **현재 지명** 베르가마 Bergama

버가모의 옛 이름은 페르가몬(Pergamon, 라틴어로는 페르가뭄(Pergamum)이라고 함) 왕국으로 이 지역에는 주전 5세기부터 아탈로스 왕조가 성립해 있었습니다. 아탈로스 왕조는 주전 197년부터 138년까지 에우메네스 2세 (Eumenes 2, 영어식 이름은 유메네스 ?-주전 160 혹은 159) 와 그의 동생 아탈로스 2세 (Attalos 2, 주전 220-138)가 통치하던 시기에 로마 제국과 협력하며 황금시대를 누렸습니다. 그러나 페르가몬 왕국은 로마 제국의 영향으로 이교의 신들과 로마 황제를 우상으로 숭배했습니다. 이곳은 어디서든 350m 높이의 산 정상에 이른바 아크로폴리스가 형성되어 있고 산 꼭대기에 제우스 신전을 위시하여 디오니소스 신전, 아테나 신전 터가 유적으로 남아 있습니다. 특히 아테네 신전 터는 동시에 로마 황제 아우구스투스를 숭배하기 위한 신전 터로도 사용된 흔적이 그대로 남아 있습니다.

우리가 사모하는 건강한 교회

1830년대 어느 날 독일 트리어(Trier)에 살던 유대인 소년이 법률가인 아버지에게 물었습니다. "아버지, 우리는 유대인인데 왜 유대인 회당에 안가고 교회(독일 루터교회)에 나가요?"

그러자 아버지가 답했습니다.

"아들아, 우리가 다른 사람에게 따돌림 당하지 않고 이 땅에서 잘 살아가기 위해서는 그렇게 할 수밖에 없단다."

아버지의 대답은 신앙과는 전혀 상관이 없었습니다. 본래 이 소년의 할아버지는 유대인 랍비였습니다. 그의 큰아버지도 역시 할아버지의 뒤를 이어 랍비였습니다. 그러나 현실 감각이 빠르고 이재에 밝았던 이 소년의 아버지는 유대인들에 대한 사회적 불이익을 피하기 위해 그리스도인이 되었던 것입니다. 그러나 진정한 회심의 경험이 없었던 그는 자기 아들에게 아무런 신앙적인 영향을 끼칠 수 없었습니다. 소년이 여섯 살 되던 해에 유아 세례를 받게 했지만 그것이 이 소년을 믿음의 아들로 자라나게 하지 못했습니다. 이렇게 자라던 이 소년은 대학에 들어가면서 교회를 완전히 떠났습니다. 그리고 그의 나이 서른 살이 되던 1847년, 그는 엥겔스라는 사람과 영국의 런던에서 유명한 '공산당 선언(Manifest der Kommunistischen Partei)'을 발표하기에 이르렀습니다. 그는 바로 카를 마르크스(Karl Marx)였습니다.

결과적인 가정이긴 하지만 만일 이 소년이 참된 믿음의 사람으로 자랄 수 있었다면 세상의 역사는 얼마나 달라졌을까요? 교회 안에서 우리가 경험할 수 있는 최대의 비극은 교회 안에서 자라나고 교회를 출입하며 살아가면서도 믿음을 배우지도 못하고 믿음을 지키지도 못한다는 것입니다.

이런 믿음의 갈등을 겪고 있던 교인이 다수였던 교회가 바로 버가모 교회였습니다. 이제 일곱 교회 가운데 세 번째로, 버가모 교회에 대하여 살펴보고자 합니다. 그리고 이 교회를 통하여 우리가 추구해야 할 건강한 교회 비전을 나누어 보고자 합니다.

● 좌우에 날 선 검이 **필요한 교회**

요한계시록 2장 12절을 보면 이 교회를 향하여 말씀하시는 주님은 좌우에 날 선 검은 하나님의 말씀을 의미하거나 하나님의 심판을 의미하는 것으로 사용되고 있습니다. 아마도 버가모 교회가 바로 서기 위해서 무엇보다 기억해야 할 것이 이 두 가지인 것으로 주님께서 판단하신 것으로 보입니다. 하나는 주님의 말씀으로 자신을 살피고 성찰하는 교회, 그리고 또 하나는 하나님의 심판 앞에 당당할 수 있는 부끄럽지 않은 교회가 되라는 것입니다.

그런데 때로 이 두 가지 의미는 동전의 양면처럼 사용되는 경우가 있습니다. 하나님의 말씀은, 순종하는 사람들에게는 축복이지만 이 말씀을 받아들이지 않는 사람들에게는 심판이 기다리고 있기 때문입니다. 성경 본문에서는 그런 의미로 쓰이고 있습니다. 2장 12절에 나타난 검이 16절에 다시 나타납니다.

"그러므로 회개하라. 그리하지 아니하면 내가 네게 속히 임하여 내 입의 검으로 그들과 싸우리라."

말씀을 순종하여 회개할 것인가 아니면 심판 받을 것인가를 준엄하게 물으시는 주님의 모습입니다. 자, 그렇다면 이 버가모 교회가 처한 당시의 상황을 상세히 살펴볼 필요가 있습니다.

● 사탄의 소굴에서도 **믿음을 지켰으니**

요한계시록 2장 13절에 이렇게 기록되어 있습니다.

"네가 어디 사는지를 내가 아노니 거기는 사단의 위가 있는데라. 네가 내 이름을 굳게 잡아서 내 충성된 증인 안디바가 너희 가운데 곧 사단이 거하는 곳에서 죽임을 당할 때에도 나를 믿는 믿음을 저버리지 아니하였도다."

여기서 특별히 주목할 것은 사탄에 대하 언급입니다. 이 버가모라는 도시는 사탄의 위(권좌, throne)가 있는 곳, 곧 사탄이 사는 곳으로 묘사되고 있습니다. 현재 베르가마(Bergama)로 불리는 이곳은 어디서든 350m높이의 산 정상에 이른바 아크로폴리스가 형성되어 있고 산 꼭대기에 제우스 신전을 위시하여 디오니소스 신전, 아테나 신전 터가 유적으로 남아 있는 것을 볼 수가 있습니다. 특히 아테네 신전

터는 동시에 로마 황제 아우구스투스를 숭배하기 위한 신전 터로도 사용된 흔적이 그대로 남아 있습니다.

버가모의 옛 이름은 페르가몬(Pergamon, 라틴어로는 페르가뭄(Pergamum)이라고 함) 왕국으로 이 지역에는 주전 5세기부터 아탈로스 왕조가 성립해 있었습니다. 아탈로스 왕조는 주전 197년부터 138년까지 에우메네스 2세(Eumenes 2, 영어식 이름은 유메네스. ?- 주전 160 혹은 159)와 그의 동생 아탈로스 2세(Attalos 2, 주전 220-138)가 통치하던 시기에 로마 제국과 협력하며 황금시대를 누렸습니다. 그러나 페르가몬 왕국은 로마 제국의 영향으로 이교의 신들과 로마 황제를 우상으로 숭배했습니다.

페르가몬 왕국이 이처럼 우상 숭배가 성행하게 된 데에는 또 다른 이유도 있었습니다. 페르가몬 왕국은 이미 주전 4세기 초부터 수많은 사람들이 질병 치유를 위해 찾는 곳이기도 했습니다. 그 이유는 의학의 신으로 불렸던 아스클레피우스(Asclepius)를 숭배하는 신전이자 세계 최초의 병원(심리 치료, 음악 치료, 목욕 치료, 식이요법을 병행함)인 아스클레피움이 세워지는 등 의학이 발달한 곳이었기 때문입니다. 고대의 가장 유명한 의사로 손꼽히는 갈레노스(Galenos, 129-199)도 바로 이곳에서 태어났습니다. 그런데 병 치료를 위해 몰려든 사람들이 치료의 신들의 도움을 받기 위해 우상을 숭배함으로써(마치 요즈음 건강을 위해 요가를 하다가 마침내 이방 신에게 영혼을 파는 현대인들처럼 말입니다) 페르가몬 왕국은 우상 숭배가 넘쳐나는 곳이 되고 만 것입니다.

당시의 이러한 페르가몬의 형편은 사도 요한이 보기에 사탄의 권좌, 다시 말하면 사탄의 본부가 있는 도시였던 것입니다. 다시 말하면 버가모는 가장 이교적이고 가장 세속화된 도시의 전형이었던 것입니다.

그럼에도 불구하고 이 도시 한 모퉁이에서 교회 공동체를 이루고 살던 버가모 교인들은 이런 도시의 분위기에 휩쓸리지 아니하고 굳건히 예수 그리스도에 대한 믿음을 지키며 살아가고 있었습니다("나를 믿는 믿음을 저버리지 아니하였도다"). 그리고 그들 중에는 심지어 믿음을 지키기 위해서 순교하는 사람도 있었습니다. 대표적인 순교자 가운데 한 사람이 안디바였습니다. 주님은 그를 가리켜 "내 충성된 증인 안디바"(계 2:13)라고 말씀하십니다. 제우스 또는 가이사가 주님이라고 고백하던 사람들로 넘쳐나던 도시에서 안디바는 담대하게 예수가 주님이시며, 그분만이 참으로 주님이라고 고백하며 순교했던 것입니다.

지금도 버가모를 방문하면 거대한 우상 신전의 시장 터인 아크로

폴리스 산 아래에서 믿음을 지켰던 버가모 공동체를 기념하기 위해 비잔틴 시대에 세워진 붉은벽돌 교회(Red court-본래는 태양신이었던 세라피스 신전 터)를 방문할 수 있습니다.

그러나 이 교회의 모든 성도들이 안디바처럼 믿음을 지켰던 것은 아닙니다. 책망이 필요했던 성도도 적지 않았습니다.

● 책망: 쾌락주의와 맘몬주의에서 **벗어나라**

요한계시록 2장 14-15절에서 기록된 책망은 두 가지로 요약할 수 있습니다. 하나는 발람의 교훈을 지키는 자들이 있었다는 것이고 또 하나는 니골라당의 교훈을 지키는 자들이 있었다는 것입니다. 니골라당의 교훈에 대하여는 이미 에베소 교회를 향한 메시지에서 다룬 바가 있습니다만 성경학자들은 이들이 대체로 무율법주의적인 방종, 특히 성적인 방종에 빠진 무리들이었다고 추측합니다. 니골라당의 교훈은 한마디로 쾌락주의였다고 할 수 있습니다. 인생에서 적당한 쾌락은 필요합니다. 하나님은 결코 인생을 즐기는 것을 정죄하지 않으십니다. 그러나 하나님의 법을 떠난 방종은 아닙니다. 쾌락은 허용될 수 있지만 쾌락주의는 결코 성경적인 삶이 아닌 것입니다.

그러면 발람의 교훈은 무엇입니까? 구약 민수기에 보면 선지자 발람은 발락이 내놓은 삯(돈)에 눈이 어두워져 자기 백성 이스라엘을 우상 숭배와 음행의 자리로 이끈 자였습니다. 발람의 교훈은 배금주의 혹은 맘몬주의를 대표하는 것입니다. 지금도 얼마나 많은 사람들 특히 성도들이 돈 때문에 예수님을 배신하고, 돈 때문에 신앙을 배신하고, 돈 때문에 양심을 배신하고, 돈 때문에 '돈' 사람들이 얼마나 많습니까? 이런 지도자들 때문에, 이런 교회들 때문에, 이런 교인들 때문에 얼마나 교회의 권위가 흔들리고 있습니까?

그러나 만일 우리가 이런 세속적인 쾌락주의와 맘몬주의를 극복한다면 주님은 요한계시록 2장 17절에서 그들에게 감추었던 만나, 세상의 것보다 더 배부른 하늘의 떡인 예수님의 임재로 채워 주실 것이라고 약속하십니다. 그리고 흰 돌에 새 이름, 곧 세상이 약속하는 추한 쾌락이 아닌 거룩한 변화의 경험, 세상은 알 수 없는 우리 자신만이 아는 이 놀라운 변화의 간증으로 우리를 채우실 것을 약속하십니다.

● 비전: 오직 **네 믿음**을 지키라

그렇다면 우리가 이 버가모 교회에서 배워야 할 건강한 교회의 비전, 웰빙 교회의 비전은 무엇입니까? 한 마디로 믿음을 지키는 교회입니다. 교회의 가장 위대한 재산은 빌딩이 아닙니다. 우리가 보유한 현금도 아닙니다. 주일마다 우리가 드리는 헌금도 아닙니다. 예수 그리스도를 믿는 믿음의 재산입니다. 믿음이 있으면 모든 것을 할 수 있습니다. 그러나 믿음이 없다면 아무 것도 할 수 없습니다. 나는 우리 교회의 자랑이 빌딩이 되지 않기를 바랍니다. 나는 우리 교회의 자랑이 우리 교인의 숫자가 아니기를 바랍니다. 나는 <u>우리 교회의 자랑이 우리 교인들의 믿음이기를 바랍니다.</u>

초대교회의 핍박의 시기를 지나고, 비잔틴 시대와 중세의 기독교 시대에 접어든 어느 날 한 사제가 방금 완성된 은과 금으로 입혀진 거대한 성당을 가리키며 "베드로 사도가 '은과 금은 없거니와'라고 말한 것도 이제 옛말이 된 거야" 했습니다. 그러자 다른 한 사제가 이런 유명한 말을 남겼다고 합니다.

"맞습니다. 그래서 이제부터는 내게 있는 것으로 주노니, 예수 그리스도의 이름으로 걸으라고 선포할 수 있는 것도 옛말이 되겠군요."

그렇습니다. 우리에게 있는 것, 그 최대의 자산은 예수뿐인 것을 확인하십시다. 그 무엇도 예수의 이름, 그리고 그 예수의 이름을 믿는 믿음보다 더 존귀한 것은 없습니다. 그 믿음으로만 우리가 구원을 얻기 때문입니다. 그 믿음으로만 하나님의 자녀로 살 수 있기 때문입니다. 그 믿음으로만 하늘나라의 문을 열 수가 있기 때문입니다. 그 믿음으로만 기도의 응답이라는 기적의 문을 열 수 있기 때문입니다. 그 믿음으로만 삶의 진정한 보람과 의미를 거둘 수 있기 때문입니다.

1928년 황금의 바리톤 목소리를 소유한 목사의 아들이었던 한 그리스도인 청년이 돈이 없어 대학을 중퇴하고 보험회사 세일즈맨이 되었습니다. 우연히 방송국 공개홀에서 노래한 것이 계기가 되어 미국 NBC 방송국의 전속 가수로 활약해 달라는 요청을 받습니다. 이때 그의 나이 23세였습니다. 그의 앞에는 이제 돈과 인기가 보장되고 있었습니다. 그러나 어쩐지 그가 좋아하는 교회에서 그리고 복음 집회에서 찬양할 기회가 날아갈지 모른다는 생각이 들었습니다. 며칠을 고민하며 기도하던 그가 자기 집 응접실 피아노 앞에 앉았을 때 어머니가 평소에 좋아하여 10년을 애송해 온 신앙 시 한 편이 눈에 띄었습니다. 그 시를 읽어 내려가던 그의 뺨에 눈물이 흘러 내렸습니다. 그리고 그는 자기도 모르게 이렇게 기도했다고 합니다.

"주님, 제 목소리, 제 존재, 제 젊음 모두 주를 위해서만 드리겠습니다."

그는 자기 마음속에 솟아오르는 멜로디를 어머니가 애송하는 신앙 시에 맞추어 작곡을 시작합니다. 이날 탄생한 찬송이 찬송가 102장입니다. "주 예수보다 더 귀한 것은 없네 이 세상 부귀와 바꿀 수 없네. 영 죽을 내 대신 돌아가신 그 놀라운 사랑 잊지 못해. 세상 즐거움 다 버리고 세상 자랑 다 버렸네. 주 예수보다 더 귀한 것은 없네. 예수밖에는 없네."

조지 비벌리 셰아(George Beverly Shea) 옹의 이야기입니다.

그 후로 그는 전도자 빌리 그레이엄을 만나 그와 더불어 평생을 동역하며 찬양과 간증으로 주님을 섬기는 사역에 헌신하게 됩니다. 예수를 구주와 주님으로 믿는 믿음-이것이 세상 그 무엇보다 더 존귀하고 소중함을 알았기 때문입니다. 올해 97세인데도 아직도 찬양 사역을 하고 계시다고 합니다.

이렇게 평생을 믿음으로 살아가는 간증을 가진 교우들이 넘치는 교회-이것이 바로 건강한 교회가 아니겠습니까? 우리 교회가 바로 그런 교회가 되어 병든 이웃을 치유하고 병든 세상을 변화시키는 교회가 되도록 기도해 주시겠습니까?

04 두아디라 교회의 레슨

건강한 교회는 '순결한 공동체', '순결한 성도'가 있는 교회입니다

오늘날 교회 안에는 두아디라 교회의
이세벨처럼 다른 성도들을 미혹하여 죄의식도 없이 죄에 빠져들게 하는
현대판 이세벨이 적지 않습니다.
주일은 경건히 주님께 예배드리지만 나머지 날들의 일상의 터전에서는
쉽게 죄와 타협하는 이중 가치,
이중 기준을 가진 성도들이 너무나 많습니다.

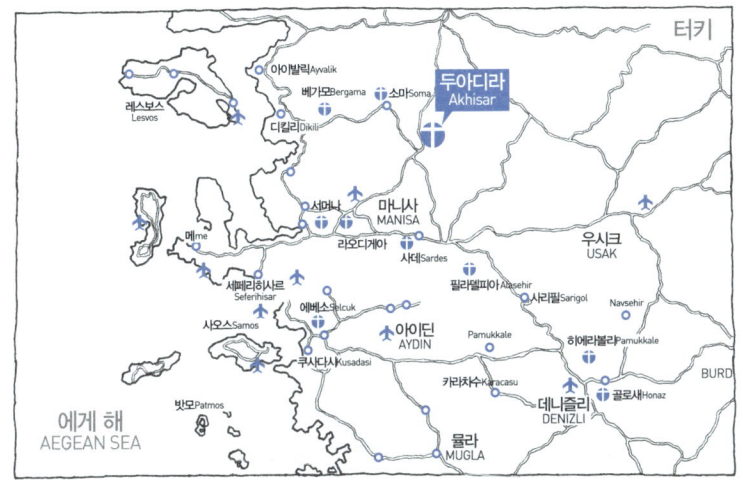

원 지명 티아티라 Thyatira   **현재 지명** 아키사르 Akhisar

버가모(현재 베르가마)에서 남동쪽으로 약 80km, 옛 사데에서는 약 48km 정도 떨어져 있는 두아디라는 소아시아의 일곱 도시 가운데 가장 작았습니다. 작기는 지금도 마찬가지여서 인구는 약 6만 명에 지나지 않습니다. 사도 바울이 빌립보에서 만난, 하나님을 공경하는 루디아가 바로 이곳 출신입니다. 루디아는 자주 장사였는데, 자주는 진홍색의 양모나 아마포로서 달팽이로부터 뽑아 낸 물감으로 염색하는 것으로, 황제만이 이를 입을 수 있을 정도로 귀했다고 합니다.

유진 피터슨이라는 영성 학자는 오늘날 그리스도인이 부딪치고 있는 가장 큰 윤리적인 문제는 '이중 기준(Double Standard)'의 문제라고 지적한 바가 있습니다. 이중 기준의 문제가 도대체 어떤 문제입니까? 이라크 전쟁의 예를 들어 보겠습니다.

아마도 최근 이라크 전쟁에서 반미 혹은 반영 감정을 자극한 가장 대표적인 사건은 아마도 포로 학대 사건이 아니었나 싶습니다. 왜 사람들이 포로 학대 사건에 그렇게도 민감한 반응을 보였을까요? 그것은 미국이나 영국이 평소에 다른 어떤 나라보다도 인권 국가를 자임해 왔고 인권을 유린해 온 국가들에 대하여 목소리를 높여 온 것을 잘 알기 때문이었습니다. 그런데 그 나라들은 막상 자국의 군인들에 대하여는 동일한 잣대를 사용하지 않았기 때문이었습니다. 이런 경우에 우리는 미국이나 영국이 '이중의 기준'을 가지고 있다고 말할 수 있습니다. 그러나 이중 기준의 문제는 이런 국제 문제의 영역에서 일어나는 거창한 그 무엇이 아니라 바로 우리 자신들의 일상적 삶의 영역에서도 흔히 일어나는 문제라고 할 수 있습니다.

그동안 우리 한국 사회가 보여 준 가장 첨예한 이중 기준의 케이스는 성의 문제라고 할 수 있습니다. 우리 사회가 일반적으로 남성들의 성적 일탈에 대하여는 상당히 관용적이면서도 여성들의 성적 일탈에 대해서는 몹시 엄격했던 사실이야말로 대표적인 이중 기준의 문제라 할 수 있습니다. 그래서 이중 기준의 사전적인 정의는 '한 사람이나 한 그룹에 대하여 엄격히 적용하는 윤리적 기준을 다른 사람이나 다른 그룹에 대하여는 적용하지 않는 것'이라고 내릴 수 있습니다.

그러나 이러한 이중 기준의 문제는 개인의 일상에서도 보편적으로 체험하는 경험일 수도 있음을 알아야 합니다. 즉, 나 자신이 어제의 삶의 현장에서 적용하던 기준을 오늘은 전혀 적용하지 못한다거나 혹은 그와 반대로 살고 있다는 것입니다. 그리스도인의 삶에 나타나는 가장 대표적인 이중 기준은 주일 교회에서의 삶과 평일의 일상생활의 모습이 전혀 다르다는 것입니다. 그때 우리는 자신의 삶이 이중적이라는 점을 인정해야 할 것입니다. 바로 이런 이중 기준의 윤리적인 문제를 안고 갈등하던 1세기의 한 교회에 대하여 살펴보고자 합니다. 바로 두아디라 교회입니다.

● **작은 마을의 작은 교회**

이 교회를 향해 주님께서 말씀하시는 모습은 매우 엄격하고 단호하십니다.

요한계시록 2장 18절입니다.

> "두아디라 교회의 사자에게 편지하기를 그 눈이 불꽃같고 그 발이 빛난 주석과 같은 하나님의 아들이 가라사대"

불꽃 같은 눈, 그리고 빛난 주석 같은 발. 이것은 인간의 모든 것을 통찰하고 계신 그분의 강력한 심판의 의지를 나타내는 그림 언어들이라고 할 수 있습니다.

버가모에서 남동쪽으로 약 80km, 사데에서는 약48km 정도 떨어져 있는 두아디라는 소아시아의 일곱 도시 가운데 가장 작았습니다. 현재 아키사르(Akhisar)라고 불리는데, 작기는 지금도 마찬가지여서 인구는 약 6만 명에 지나지 않습니다.

이처럼 두아디라 교회는 작은 도시의 작은 교회였습니다. 그럼에도 불구하고 주님은 이 교회를 향한 메시지에 가장 많은 분량을 할애하고 계십니다. 하실 말씀이 많으셨던 것입니다. 일곱 교회 중 칭찬도 가장 많이 받고 책망도 가장 많이 받은 교회가 바로 두아디라 교회였습니다.

● 사업, 사랑, 믿음, 섬김, 인내로 **헌신하다**

요한계시록 2장 19절에서 주께서 이렇게 칭찬하고 계십니다. "내가 네 사업과 사랑과 믿음과 섬김과 인내를 아노니 네 나중 행위가 처음 것보다 많도다."

이 구절에서 무려 기독교 신앙에서 가장 소중히 여기는 가치를 대표하는 다섯 가지 단어들이 빠짐없이 등장하고 있습니다. 사업, 사랑, 믿음, 섬김 그리고 인내입니다. 이만하면 만점이라고 할 수 있지 않겠습니까? 이 교회 성도들에게는 믿음이 있었고 섬김이 있었고 거기다가 믿음과 섬김의 과정에서 경험할 수 있는 역경을 참아내는 인내까지 있었습니다. 이뿐만이 아닙니다. 에베소 교회이의 성들이 잃어버렸다고 책망 받은 사랑까지도 있었습니다. 소아시아 다른 어떤 교회에도 없었던 독특한 칭찬인 '사업'을 바로 이 교회의 칭찬 목록 1호로 언급하셨습니다.

구체적으로 그 사업이 어떤 성격이었는지는 모릅니다. 어쨌든 그 사업이 선교 사업이든 구제 사업이든, 어떤 주님의 사업이든지 간에 주저 없이 확장해 가고 있었음을 짐작할 수 있습니다. 그런데 두아디라 교회는 칭찬 받기에 모자람이 전혀 없는 이 모든 장점을 한꺼번에 무너뜨릴 수 있는 책망 요소 또한 끌어안고 있었습니다.

● 책망: 이중적인 가치를 가졌다

그러면 그 책망 요소는 무엇이었을까요. 요한계시록 2장 20절이 그 내용입니다.

> "그러나 네게 책망할 일이 있노라. 자칭 선지자라 하는 여자 이세벨을 네가 용납함이니 그가 내 종들을 가르쳐 꾀어 행음하게 하고 우상의 제물을 먹게 하는도다."

여기에 자칭 여선지자라 하는 이세벨이 등장합니다. 당시 두아디라 교회는 유달리 여성의 리더십이 강한 영향력을 발휘하는 교회가 아니었을까 추측됩니다. 유럽 최초의 교회인 빌립보 교회를 개척한 사람도 이 교회 출신 여류 사업가 루디아임을 기억하십니까? 사도행전 16장 12절 이하에 보면 바울이 아시아를 향해 가다가 성령의 인도로 발걸음을 돌이켜 유럽에 속하는 마케도니아의 첫 도시 빌립보에 이른 안식일에 강가에서 한 여인을 만나게 됩니다. 사도행전 16장 14절을 보십시오.

> "두아디라 성의 자주 장사(자색 옷감 장사)로서 하나님을 공경하는 루디아라 하는 한 여자가 들었는데 주께서 그 마음을 열어 바울의 말을 청종하게 하신지라."

신학자 중에는 루디아와 에세벨을 동일시하는 사람도 있습니다만 근거 없는 추측일 따름입니다. 루디아가 알면 몹시 언짢아할 일이지요. 어쨌든 분명한 것은 두아디라 교회에 여성의 영향력이 강했는데, 그중에는 이세벨로 상징되는 악한 여인의 영향력도 있었다는 것입니다. 이 여인의 영향으로 적지 않은 두아디라 교인들이 우상 숭배와 음행에 빠졌다고 합니다. 그래서 한편으로는 열심히 주를 섬기면서도 또 한편으로는 죄를 섬기는 이중적인 교인들이 적지 않았습니다.

성경학자들은 두아디라 도시가 크지는 않았지만 자주색 옷감을 염색하는 기술이 발달했던 상업 도시였다고 합니다. 루디아도 이런 장사를 하면서 그리스의 도시 빌립보를 오가고 있었던 것입니다. 따라서 이 도시에는 돈이 많았고 이 돈으로 계를 하는 길드, 그러니까 일종의 계 모임이 많이 조직되어 있었다고 합니다. 그런데 두아디라에서 성행하던 계들은 당시 이 도시에 존재하던 티림나스(Tyrimnas) 신전과 밀접한 관련을 맺고 있었다고 합니다. 그들은 곗돈을 타면 이를 신전에 바쳤고, 그 바친 돈으로 다시 우상의 제물을 먹었습니다. 심지어 이 신전에 고용된 여사제들(창녀)을 골라 음행을 하기도 했는데, 이러한 행동이 일종의 관행이었다고 합니다. 돈으로 사랑을 사고, 돈으로 신을 매수하고 있었던 것입니다. 오늘날 돈으로 성을 사는 매매춘업과 다를 것이 없는 풍속이었습니다. 그런데 문제는 그리스도인들도 이런 일에 죄의식 없이 빠졌다는 것입니다. 특히 이세벨은 그런 일이 뭐가 잘못이냐며 그리스도인들을 꾀어냈습니다.

오늘날 교회 안에는 두아디라 교회의 이세벨처럼 다른 성도들을 미혹하여 죄의식도 없이 죄에 빠져들게 하는 현대판 이세벨이 적지 않습니다. 주일은 경건히 주님께 예배드리지만 나머지 날들의 일상의 터전에서는 쉽게 죄와 타협하는 이중 가치, 이중 기준을 가진 성도들이 너무나 많습니다.

주님은 두아디라의 순결을 잃은 성도들에게 단호하게 회개를 촉구하고 계십니다. 그것이 요한계시록 2장 21절부터 23절의 말씀입니다. 회개치 아니하면 큰 환난이 있을 것이라고 말씀하십니다. 그들의 자녀들에게 화가 미칠 것이라고 경고하십니다. 자녀가 사망으로 죽을 수도 있다고 말씀하십니다. 그러나 26절과 28절에서 두 가지 위대한 약속을 하십니다. 만일 회개하고 순결을 지키면, 만국을 다스리는 영향력 있는 리더가 될 것이고 새벽별을 주시겠다고 하십니다. 어두운 밤을 몰아내는 새벽별은 바로 주님 자신의 임재가 아니겠습니까? 그분의 거룩한 임재로 영향력을 끼치고, 그리고 자신의 삶의 길에서 그분의 빛으로 인도함을 받는 복된 일생이 되리라는 것입니다.

- 비전: **순결한 그리스도인이 돼라**

그렇다면 우리가 이 교회에서 배워야 할 건강한 교회의 비전은 무엇입니까?

한마디로 순결한 교회입니다. 우리 교회가 순결한 교회가 되고 우리 교회 성도들이 순결한 성도들이 되는 것입니다. 그럼, 어떻게 우리가 다시 순결한 공동체, 순결한 성도가 될 수 있을까요?

첫째, 회개입니다.

먼저 우리를 붙들고 있는 이중적인 기준, 가치들을 포기해야 합니다. 주일과 평일이 다른 우리의 모습을 회개해야 합니다. 교회와 가정에서의 태도가 다른 모습을 회개해야 합니다. 교회와 직장에서의 모습이 다른 것을 회개해야 합니다. 숨겨진 죄가 없어야 합니다. 은폐하고 있는 어둠이 없어야 합니다. 자신과 이웃에게 투명해야 합니다. 하나님 앞에 정직해야 합니다. 회개는 단순히 죄를 뉘우치는 것이 아닙니다. 죄를 버려야 합니다. 죄를 떠나야 합니다.

둘째, 돈의 유혹을 거절해야 합니다.

두아디라 교회의 성도들은 유통할 수 있는 돈이 있었습니다. 사업을 했기 때문입니다. 처음에 그들은 돈이 있어야 주님을 섬길 수 있다고 생각했습니다. 그래서 열심히 돈을 벌었습니다. 그러나 점차 그들은 돈을 과신하기 시작했습니다. 돈으로 주님도 기쁘게 할 수 있다고 착각하기 시작했습니다. 마침내 그들은 돈으로 쾌락을 사기 시작했습니다. 그리고 그들은 돈으로 성을 사고, 사랑을 사기 시작한 것입니다. 이것은 저로 하여금 한때 인터넷에 떠돌았던 유머를 생각나게 합니다.

한 남자가 오랫동안 마음에 두던 여인에게 프러포즈를 했습니다. 그러자 여인은 앞으로 100일 동안 하루도 빠짐없이 자기 방 창문 앞에서 꽃을 들고 밤을 새운다면 그의 사랑을 받아들이겠다고 했답니다. 남자는 다음 날부터 매일 밤 꽃을 들고 밤새 서 있기 시작했습니다. 비가 오나 눈이 오나 이러한 애절한 애틋한 구애는 계속되었습니다. 시간이 흘러 99일째 날이 되었습니다. 그날 밤은 엄청난 비바람과 천둥 번개가 몰아쳤지만 그래도 남자는 변함없이 여인의 창문 앞에 서 있었습니다. 그 모습을 본 여인은 마침내 감동의 눈물을 흘리고야 말았습니다. 여인은 문을 활짝 열고 달려 나가 비에 흠뻑 젖은 남자를 끌어안으며 외쳤습니다.

"이제 당신의 진실한 사랑을 깨달았어요! 이제 더 이상 기다릴 필요가 없어요!"

이때 남자가 여인의 팔을 조용히 풀며 떨리는 음성으로 말했습니다.

"저는… 아르바이트 생인데요."

진정한 사랑은 살 수 없는 것입니다. 그것은 순결한 만남에서 오는 선물일 따름입니다. 돈의 유혹을 극복할 때 우리는 진정한 사랑을 만날 것입니다. 어떻게 우리는 순결한 성도가 될 수 있을까요?

셋째, 주님만으로 만족할 줄 알아야 합니다.

성도의 모든 타락은 주님이 아닌 다른 무엇이 우리를 만족하게 할 수 있다고 착각하기 시작할 때 일어나는 사건입니다. 그러나 분명히 기억하십시다. **주님이 아닌 다른 무엇으로 우리는 결코 만족할 수 없는 인생**인 것을 말입니다. 그래서 요한계시록 2장 24절에서 주님께서는 두아디라 성도들에게 다른 것으로는 더 이상 짐 지울 것이 없다고 말씀하십니다. 이어 25절에서 주님은 다만 이미 너희에게 이미 주어진 것을 굳게 잡으라고 말씀하십니다.

"다만 너희에게 있는 것을 내가 올 때까지 굳게 잡으라."

이미 주어진 믿음, 이미 주어진 예수로 만족하라는 것입니다. 그러면 우리는 더 이상 다른 쾌락을 탐하지 않을 것입니다. 그것이 바로 순결이고 거룩함입니다.

18세기 독일에 조각가 요한 하인리히 다네커(Johann Heinrich Von Dannecker, 1758-1841)라는 사람이 있었습니다. 그는 주로 그리스 신화를 주제로 많은 조각상을 남겨 유명해졌습니다. 1790년부터 독일 슈투트가르트 대학 미술 교수와 미술 관장을 지내기도 했습니다. 그런데 그는 인생의 절정기에 있던 어느 날 갑자기 주님과 사랑에 빠진 후 그리스도 상을 몹시 조각하고 싶어졌습니다. 그래서 2년 동안이나 열심히 조각을 만들어 시험 삼아 한 어린 소녀에게 작품을 보여 주었습니다. 그런 소녀는 그 조각상이 그리스도인 것을 알아보지 못했습니다. 다네커는 실망하지 않고 다시 6년이나 걸려 새로운 작품을 만들었고 이를 그 소녀에게 다시 보였습니다. 그러자 소녀로부터 단번에 "아, 그리스도시군요"라는 대답을 듣습니다. 그때 그는 눈물을 흘렸다고 합니다. 그런데, 그 일이 있은 직후 당시의 유명한 나폴레옹 황제에게서 파리로 와서 루브르 박물관에 비너스 상을 조각해 달라는 부탁을 받았습니다. 그러자 그는 이런 유명한 대답을 남깁니다.

"나의 주님 그리스도의 상을 조각한 이 손으로 더 이상 나는 이방의 신상을 조각함으로써 내 마음을 더럽힐 수는 없습니다."

이런 대답을 할 수 있었던 이유는, 다네커에게 그리스도가 이미 모든 것이 되었기 때문입니다. 예수 그리스도 한 분이 그의 사랑, 그의 소망이 되었기 때문입니다. 이제 그는 다른 어디에서도 그의 만족을 찾을 수 없음을 알았기 때문입니다. 이것이 바로 거룩함입니다. 이것이 바로 순결입니다. 이런 한 마음 한 사랑 이런 순결로 깨끗해진 인생, 이런 인생들이 모인 거룩한 공동체를 사모하지 않으시겠습니까?

05 사데 교회의 레슨

건강한 교회는
언제나
'깨어 있는'
교회입니다

하나님과의 깊은 관계에서 누리는 영성의 빛남이 없다면,
그리고 세상 사람과 차별화되는 거룩한 도덕성을 상실한다면
우리는 그리스도인 공동체로서뿐만 아니라 개인으로서도
이미 존재 가치를 잃게 될 것입니다. 빛이 비추기를 멈추고,
소금이 그 짠 맛을 잃는다면
더 이상 존재할 이유가 없지 않겠습니까?

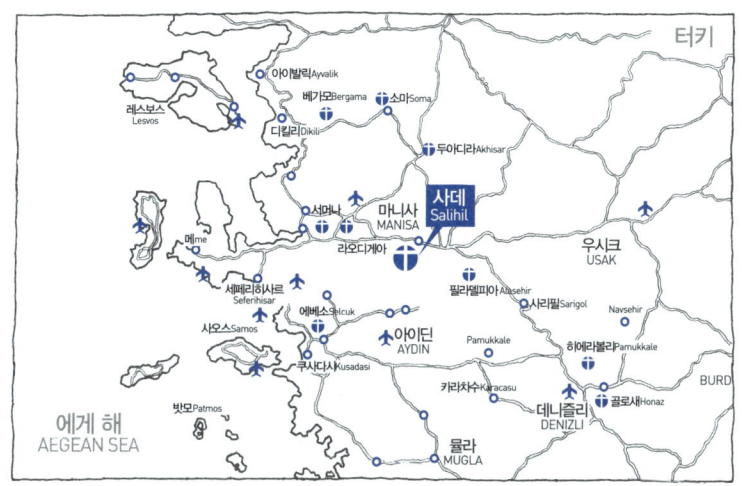

원 지명 사르디스 Sardis **현재 지명** 살리힐 Salihil 근처(폐허 도시로 남아 있음)

사데는 두아디라에서 남동쪽으로 48km 떨어진 도시로, 고대 리디아 왕국(주전 7세기-주전 546)의 수도로 인류 역사상 최초로 금과 은으로 화폐를 만들어 부의 상징이 되었던 도시였습니다. 역사가 헤로도토스는 78개의 돌기둥으로 이루어진 거대한 아르테미스 신전을 중심으로 이 도시에서는 연회와 오락, 축제가 끊임이 없었다고 기록하고 있습니다. 주후 100년에 로마의 속령이 된 후 잇따른 지진과 터키, 몽골의 침입으로 폐허가 되었습니다. 1914년 이후 지금까지도 유적 발굴이 진행되고 있습니다.

우리가 사모하는 건강한 교회

　수년 전 세상을 떠난 동화 작가인 정채봉 선생님 유명한 법정 스님을 산사로 찾아간 적이 있었다고 합니다. 무더운 여름이어서 낮잠이나 잤으면 꼭 좋을 그런 날씨이었다고 합니다. 스님이 산사에 계시지 않아 어디선가 낮잠을 주무시나 생각하고 있었는데 마침 산사 후면 언덕길에서 내려오고 계셔서 무엇을 하고 오시느냐고 물었더니, 칼로 대나무를 깎고 있었다고 대답하시더랍니다. 칼도 날카롭고 대나무도 날카로운 것이어서, 이런 무더운 날씨에 그런 위험한 일을 무엇 때문에 하셨느냐고 물었더니, "졸지 않고 깨어 있기 위해서"라고 대답하시더란 겁니다.

　우리가 살아가면서 깨어 있는 인생을 산다는 것은 매우 중요한 일이 아닐 수 없습니다. 우리는 흔히 '깨어 있음', '깨어 있기'를 강조하는 대표적인 종교가 불교라고 생각합니다. 그러나 여러분! 사실 '깨어 있음'은 성경에서도 하나님의 자녀들의 생동하는 삶을 이해 무엇보다도 강조하고 있는 단어임을 아십니까?

하나님의 마음에 합한 사람 다윗은 사울 왕에게 쫓기는 일생 일대의 위기에 "내가 새벽을 깨우리로다"(시 57:8) 하고 스스로에게 다짐합니다.

예수님은 다가오는 자신의 십자가에 대한 각성 없이 일상적인 안이함으로 이 역사의 중요한 저녁을 준비 없이 맞이하는 제자들에게 "너희는 여기 머물러 깨어 있으라"(막 14:34)고 말씀하십니다.

사도 바울은 거대한 세속화의 파도가 밀려오는 시대를 살고 있는 로마의 성도들에게 "너희가 이 시기를 알거니와 지금은 자다가 깰 때"(롬 13:11) 라고 편지를 쓰고 있습니다. 또 바울은 골로새 교회를 향한 편지에서는 "기도에 감사함으로 깨어 있으라"(골 4:2)고 권면합니다.

사도 요한도 영적으로 죽어 가면서도 그 위기를 깨닫지 못하던 1세기의 한 교회를 향해 '깨어야 한다'는 주님의 메시지를 전달하고 있습니다. 요한계시록 3장 2절에 "너희는 일깨워 그 남은 바 죽게 된 것을 굳게 하라"고 말씀합니다. 3절에 다시 '일깨지 아니하면 안 된다'고 말씀합니다. 이 교회를 향한 권면의 키워드가 바로 '깨어남

(wake-up)'이었습니다. 이 교회가 바로 소아시아의 일곱 교회 중 다섯 번째인 사데 교회입니다.

● **사치와 향락에 취해 깊은 잠에 빠진 교회**

사데 교회를 향해 메시지를 보내는 주님의 모습은 하나님의 일곱 영과 일곱 별을 가지신 이였습니다. 요한계시록 3장 1절을 보면 "사데 교회의 사자에게 편지하기를 하나님의 일곱 영과 일곱 별을 가진 이가 가라사대"로 시작하고 있습니다. 요한계시록 1장 20절을 보면 일곱 별은 일곱 교회의 사자, 곧 지도자입니다. 교회의 지도자들을 붙들어 인도하시는 교회의 진정한 주인 되신 주께서 일곱 영, 곧 거룩하고 완전하신 성령을 통해 말씀하시는 것입니다. 교회의 운명은 단순히 인간적인 지도자들에게 맡겨진 것이 아니라 주님 자신에 의해 성령으로 인도될 것을 말씀하고 계십니다. 소아시아의 일곱 교회 중 다른 어떤 교회보다도 주님의 간섭이 필요한 상태에 있음을 보여 주는 것입니다.

사데는 두아디라에서 남동쪽으로 48km 떨어진 도시로, 고대 리디아 왕국(주전 7세기-주전 546)의 수도로 인류 역사상 최초로 금과 은으로 화폐를 만들어 부의 상징이 되었던 도시였습니다. 역사가 헤로도토스는 78개의 돌기둥으로 이루어진 거대한 아르테미스 신전을 중심으로 이 도시에서는 연회와 오락, 축제가 끊임이 없었다고 기록하고 있습니다. 그러나 이런 사치한 무역 도시의 분위기를 유지해 온 이곳의 세속성은 훗날 1세기의 그리스도인들의 순수한 믿음조차도 급속하게 세속화시켰던 것입니다. 세상을 변화시켜야 할 교회가 오히려 세상의 영향을 받아 복음이 아닌 세상의 권력과 재물을 우리의 소망으로 착각하기 시작한 것입니다.

● 영성과 도덕성이 **유일한 자랑거리**

이미 말씀드린 것처럼 이 사데 교회를 향한 메시지에는 거의 칭찬이 없습니다. 그러나 주님은 이 교회에 희망의 싹이 존재한다고 하셨습니다. 요한계시록 3장 2절에 아직 남아 있는 것이 있다고 말씀하십니다. 4절에는 아직 옷을 더럽히지 않고 흰 옷을 입고 주님과 동행하는 자들이 이 교회 안에 있다고 말합니다. 바로 이 남은 자들이 이 교회의 희망이고 세상의 희망이라는 것입니다. 우연의 일치

일지 모르지만 사데(Sardis)라는 도시 이름은 그리스어로는 '남은 자'의 의미입니다. 대부분의 다른 교인들과 다르게 세속화를 거부하고 거룩한 삶을 열망하며 주님께만 소망을 두고 인생을 사는 이 거룩한 소수를 가르쳐 4절에서는 "그 옷을 더럽히지 아니한 자 몇 명"이라고 기록합니다. 그들은 평소 세상을 지혜롭게 살지 못하는 거룩한 바보로 '왕따'(왕을 따르는 사람들) 당하고 있었을지 모릅니다. 그런데 그들이 바로 역사의 남은 자, 역사의 그루터기였던 것입니다. 유일한 희망의 그루터기였던 것입니다.

교회의 자랑은 건물이나 프로그램이나 이벤트가 아닌 영성이어야 하고 도덕성이어야 합니다. 세상이 갖지 못한 영성 그리고 거룩한 도덕성이야말로 세상을 변화시키는 힘이기 때문입니다. 그러나 우리 교회가 아무리 깜짝 프로그램을 많이 하고 화려한 건물을 자랑해도 하나님과의 깊은 관계에서 누리는 영성의 빛남이 없다면, 그리고 세상 사람과 차별화되는 거룩한 도덕성을 상실한다면 우리는 그리스도인 공동체로서뿐만 아니라 개인으로서도 이미 존재 가치를 잃게 될 것입니다. 빛이 비추기를 멈추고, 소금이 그 짠 맛을 잃는다면 더 이상 존재할 이유가 없지 않겠습니까? 그래서 바울은 로마의 성도들에게 '로마를 배워야한다'고 말한 것이 아니라 '이 세상을 본받지 말라'고 말한 것입니다.

우리가 세상과 다르다는 것-그것이 바로 우리의 힘이고 감화력인 것을 잊지 말아야 합니다. 깨어 있는 교회는 이 영성과 도덕성으로 날마다 자신을 살피는 공동체인 것입니다.

● 책망: "네가 살았다 하는 이름은 가졌으나 **죽은 자로다**"

사실 사데 교회는 칭찬보다는 훨씬 더 책망을 많이 받은 교회였습니다. 아니, 다음에 살펴볼 라오디게아 교회와 더불어 거의 칭찬을 받지 못한 교회이기도 했습니다. 그만큼 도시의 세속화가 은밀하고도 전체적으로 진행되어 교회까지 영적으로 잠들게 했던 것입니다.

주께서는 어떻게 이 교회를 책망하고 있습니까? 우선 요한계시록 3장 1절 하반부를 보십시오. "네가 살았다 하는 이름은 가졌으나 죽은 자로다" 하십니다. 2절에서는 "내 하나님 앞에 네 행위의 온전한 것을 찾지 못하였노니"라고 하십니다. 한마디로 사데 교회는 허울만 그럴듯한 교인이 많은 교회였습니다. 이름으로는 널리 알려진 교회였지만 교인들 한 사람 한 사람의 영적인 상태는 무덤이나 다름없었던 것입니다. 사람들 앞에서는 대단한 믿음을 가진 것으로 치장하고 있었지만 하나님 앞에서 그분의 불꽃 같은 안목을 피할 수는 없었습니다. 하나님 앞에서는 영적인 시체라고 진단 받은 것입니다.

이와 비슷한 책망을 당한 무리가 성경에 또 등장합니다. 바로 바리새인들입니다. 예수님 당시 바리새인들은 스스로 최고의 영적인 사람들을 자부하고 있었지만 주님은 그들을 가리켜 "회칠한 무덤"이라고 하셨습니다. 그들은 예배에 빠지지 않고 경건한 복장을 갖추어 입었으며 근엄한 표정을 지니고 있었고 거룩한 목소리로 말했습니다. 그러나 그들의 내면은 썩은 냄새로 가득 찼습니다. 철저하게 겉과 속이 달랐던 것입니다. 교회에서의 모습과 세상에서의 모습이 달랐던 것입니다. 사람 앞에서와 하나님 앞에서의 모습이 너무나 달랐던 것입니다.

주님의 말씀을 들어 보실까요?

"화 있을진저 외식하는 서기관들과 바리새인들이여 회칠한 무덤 같으니 겉으로는 아름답게 보이되 안으로는 죽은 사람들의 뼈와 모든 더러운 것이 가득하도다. 이와 같이 너희도 겉으로는 사람에게 옳게 보이나 안으로는 외식과 불법이 가득하도다" 마 23:27-28.

이들은 모두 종교적인 외식자들이고 위선자들이었던 것입니다. 그러므로 사랑하는 여러분, 겉으로 드러나는 종교적 활동에서만 존재의 의미를 느끼는 분일수록 바리새인처럼 될 가능성을 조심해야 합니다. 사데 교회의 교인들 대부분이 그랬습니다.

그렇습니다.

우리가 만일 믿음의 진정한 의미를 하나님 앞에서의 깊은 내면과 인격에서 발견하지 못하고 사람들에게 겉으로 드러나는 무엇만을 과시하는 활동에서 찾고자 한다면 언제든지 사데 교회의 비극은 시대를 훌쩍 뛰어넘어 여러분과 저의 비극이 될 수도 있습니다.

● 비전: **생각하라, 지키라, 회개하라**

사데 교회에서 배워야 할 건강한 교회의 비전은 무엇일까요? 한마디로 그것은 깨어있는 교회, 깨어있는 성도가 되어야 한다는 것입니다. 그것이 21세기의 오늘의 교회가 1세기의 사데 교회에서 배워야 할 교훈입니다. 건강한 교회는 깨어 있는 교회고, 건강한 성도는 깨어 있는 성도입니다. 요한계시록 3장 2절에 "네 행위의 온전한 것을 찾지 못하였노니" 하셨는데, 여기서 온전한 것은 충만한 것으로 번역될 수 있습니다. 깨어 있는 성도는 주님의 영성과 도덕성으로 충만한 사람이라고 할 수 있습니다.

그런데 문제는 어떻게 우리가 깨어 있는 성도로 살아갈 수 있느냐는 것입니다. 3절에서 그 대답을 들려줍니다. "그러므로 네가 어떻게 받았으며 어떻게 들었는지 생각하고 지키어 회개하라. 만일 일깨지 아니하면 내가 도적같이 이르리니 어느 시에 네게 임할는지 네가 알지 못하리라."

여기 이 구절에 등장하는 세 개의 동사 '생각하라', '지키라', '회개하라' 가 핵심입니다. 그러나 다시 이 경고를 둘로 요약한다면 깊이 생각하고 깨어 자신을 지키든가 아니면 그렇게 못한 것을 지금이라도 회개하라는 것입니다. 다시 한 마디로 압축하면, 여기 이 공동체를 향한 권면의 키워드는 '깨어 있으라' 입니다. 깨어 있음의 자리에서 살아가야 한다는 것입니다.

사실 이 사데라는 도시는 과거 리디아 왕국 당시 깨어 있지 못함으로 멸망한 역사를 가지고 있었음을 연상시키는 말씀이었습니다. 리디아 왕국의 마지막 통치자 크로이소스(Croesus, 주전 560-546) 왕 시대에 리디아는 페르시아 왕인 키루스 2세의 침략을 받게 됩니다. 그러나 페르시아 군대는 2주가 되도록 천연의 요새를 자랑했던 이 사데 성을 좀처럼 함락할 엄두를 못 내고 있었습니다. 리디아의 크로이소스 왕은 이 난공불락의 요새를 믿고 시간만 벌면 승산은 자기들에게 있다고 확신했습니다.

그러나 이 성에도 약점이 있었습니다. 이 성의 남쪽은 가파른 절벽이어서 지킬 필요가 없다고 생각한 나머지 방치해 두었는데 바로 이곳으로 한 군인의 철모가 떨어지는 것을 예사롭지 않게 생각한 페르시아 군대는 바로 이곳이 약점임을 확신하고 집중적으로 이곳을 공략하여 마침내 성을 함락시켰습니다. 사데의 장수들은 멸망하기 전날 밤까지도 부하 병사들에게 패배는 있을 수 없다고 공언하며 깊은 잠에 들게 했습니다. 그리고 이튿날 새벽 모두 포로가 되었습니다. 그들의 잠은 바로 죽음의 잠이 된 것입니다.

그런데 우리 주님은 다시 세상의 희망이어야 할 사데 공동체와 성도들이 다시 한 번 세속화의 어둠 속에서 방심하며 기분 좋게 잠들어 있는 것을 보신 것입니다. 이들은 돈과 풍요로움, 그리고 환경적인 축복이 그들의 믿음을 지킬 것처럼 착각하고 기도를 망각했습니다. 주님의 음성을 듣지 못하고 주님의 마음을 떠나 있으면서도 세속적인 만족에 빠져 있던 사데 교회는 주님이 보시기에 영락없이 죽어 가던 교회였습니다.

오늘의 교회를 마케팅의 방식으로 진단하며 연구하는 학자 중에 조지 바나(George Barna)라는 분이 있습니다. 그가 쓴 책 중에 '주전자 속의 개구리'(The Frog in the kettle, 우리나라에는 '21세기 교회를 붙잡아라'는 이름으로 출간됨)라는 책이 있습니다. 그는 이 책에서 이런 이야기를 합니다. 주전자 속에 미지근한 물을 넣고 개구리를 집어넣은 다음 서서히 열을 가하면 개구리는 자기가 죽는 것도 모르고 기분 좋게 천천히 죽어간다는 것입니다. 그가 이런 이야기를 한 이유는 오늘의 교회가 바로 이런 처지에 처하고 있다는 것을 경계하기 위해서였습니다. 어떻습니까? 죽어 가고 있는 줄 모르고 기분 좋게 죽어 가는 개구리- 그것이 당신의 모습, 우리의 모습이 아닌지요? 그렇다면 지금은 깊이 생각할 때입니다. 회개할 때입니다. 우리의 영성과 도덕성을 회복할 때입니다. 깨어날 때입니다.

저는 무엇보다 새벽에 깨어 자신과 가족들 그리고 민족을 깨우며 기도하는 성도들의 모습을 보고 싶습니다. 서두에 언급한 바 있는 동화 작가 정채봉 선생의 새벽을 예찬하는 새벽 편지의 한 부분을 소개하고 싶습니다.

"(나는) 자욱한 안개가 포근히 안아 주는 봄날의 새벽을 사랑합니다. 풀섶에 내린 이슬로 바지 가랑이가 흥건히 젖는 여름 새벽도 사랑하고, 베고 남은 벼 포기마다에 서리가 새하얗게 내려있는 가을 새벽을 사랑합니다. 그러나 겨울 새벽 창을 열었을 때 밤 사이에 소리 없이 내려와 세상을 하얗게 덮고 있는 눈은 그 어떤 것보다도 횡재한 것 같지 않던가요? 그래서 나는 새벽 눈물은 사기꾼이 흘리는 것이라도 진실처럼 믿고 싶습니다."

이런 아름다운 인생의 새벽을 날마다 기도로 회개의 눈물로 깨우며 한 해를 사는 우리의 모습을 보고 싶습니다. 지금은 우리 자신과 공동체를 다시 흔들어 깨울 때입니다.

깨어나십시오(Wake-up!). 그리고 새벽을 깨우십시오.

06 빌라델비아 교회의 레슨

건강한 교회는 '열린 성도'가 있는 '열린 교회' 입니다

비록 우리가 한줌밖에 안 되는 목장의 식구들이라 할지라도,
우리의 작은 능력으로 선교와 사랑의 명령에
순종을 결단하는 그곳 바로 그곳에서
우리는 21세기의 빌라델비아 교회가 태어남을 목도하게 될 것입니다.

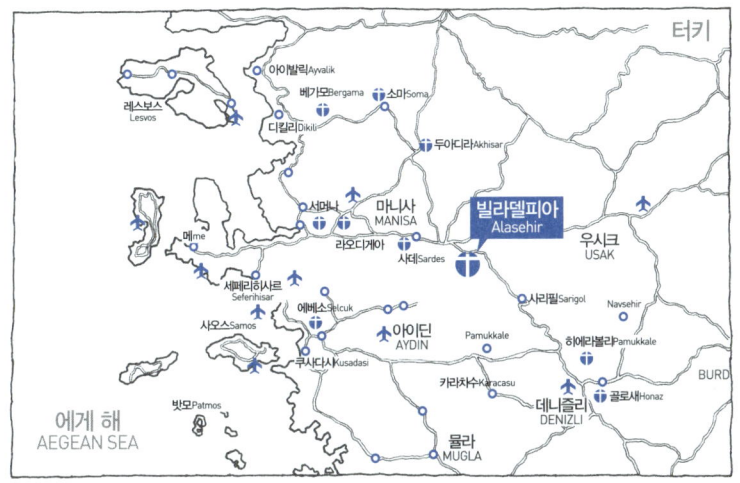

원 지명 필라델피아 Philadelphia   **현재 지명** 알라셰히르 Alasehir

'빌라델비아'라는 말은 본래 필로스(philos, 사랑)와 아델포스(adelphos, 형제)라는 두 단어의 결합입니다. 페르가몬 왕국 시대 이 지역의 통치자였던 에우메네스 2세(Eumenes 2)는 전장에 나갈 때마다 정치와 군사 지식이 탁월했던 동생 아탈로스 2세(Attalos 2)에게 내정을 맡겼다고 합니다. 그래서 당시 로마는 국민의 지지를 받았을 뿐 아니라 인기도 높았던 동생 아탈로스를 왕위에 오르게 해, 이용할 목적으로 그를 충동질 했지만 아탈로스는 일언지하에 거절하고 형에게 충성을 다했다고 합니다. 이것을 가리켜 세상 사람들은 '아탈로스의 형제애'라고 부르게 되었고 이것이 빌라델비아라는 지명의 유래가 되었습니다. 이곳은 특히 포도 재배로 유명했는데, 빌라델비아 교회에서는 소아시아 내의 300여 교회에 성찬식에 쓸 포도주를 무료로 공급하였기 때문에 형제 사랑을 실천한 교회기도 했습니다. 현재에도 이곳은 주변 수십 킬로미터에 이르기까지 방대한 포도밭이 펼쳐져 있습니다.

1902년 오스트리아에서 태어나 1차 세계대전과 2차 세계대전을 겪으며 당시의 지식인 사회를 휩쓸던 마르크스주의에 빠져 처음에는 공산주의자가 되었다가 나치스의 광풍이 몰아치자 뉴질랜드로 망명한 칼 포퍼(Karl Popper)는 그의 유명한 책 '열린사회와 그 적들'(The Open society ad it's Enemies)에서, 우리의 어떤 주장이 과학적인 타당성을 지니려면 '내 주장이 틀릴 수도 있다'는 사고의 개방성을 가져야 한다고 말했습니다(내 생각이 틀릴 수가 있다고 생각하는 사람이어야 다른 이의 말을 경청하기 때문입니다). 이런 사고의 개방성은 우리가 살아가는 사회를 '열린사회'로 만드는 데 매우 중요한 역할을 하게 될 것입니다.

최근 우리나라 사람들에게 '열려 있다'는 말이 친근하게 들리게 된 계기는 아마도 '열린 음악회'에서 찾을 수 있지 않나 싶습니다. 그 후 교회 예배에서도 '열린 예배'라는 단어가 등장하게 되었습니다. 적지 않은 교회들이 그 이름을 '열린 교회', '열린 문 교회'등으로 삼고 있습니다. 일반 상가의 간판 중에도 '열린 식당', '열린 공간'등의 이름들이 등장했습니다. 이뿐만 아니라 학교에서도 '열린 학교', '열린 교육'이 주창되고 심지어 정당 이름에서도 '열린 우리당'이 등장하게 되었습니다. 문자 그래도 '열린사회'는 새로운 사회의 통념이 되었습니다. 이제는 이데올로기를 뜻하는 말에도 '열린 진보', '열린 보수'라는 단어들을 접하게 되었습니다.

'열려 있다'는 말은 개방성을 뜻하는 것으로 대부분의 경우는 긍정적으로 쓰이고 있습니다. 우리나라의 근세 역사에 중요한 인물로 등장하는 대원군은 비록 힘찬 기백과 굳건한 신념의 소유자였지만 나라의 문을 꽁꽁 걸어 잠그는 '쇄국 정책'을 선택함으로써 결국 수십 년 만에 나라를 잃게 되는 결과를 초래하고 말았습니다.

그런데 1세기의 소아시아에 존재하던 한 교회를 향해 편지를 쓰던 사도 요한이 이 교회에게 주께서 그 앞에 '열린 문을 두었다'고 말하고 있습니다. 그리고 이 교회는 열린 문, 즉 열린 기회에 효과적으로 응답함으로써 주님의 칭찬을 받는 열린 교회가 될 수 있었습니다.

자, 그러면 이제 1세기의 이 교회를 통하여 21세기의 우리 교회가 어떻게 열린 교회가 되어 주님께서 우리 교회에 맡기시는 미션을 감당할 수 있을 것인지 묻지 않을 수 없습니다. 1세기의 이 교회는 바로 빌라델비아 교회입니다. 빌라델비아는 현재 알라셰히르(Alasehir)로 불리며, 사데에서 동남쪽으로 40km 떨어져 있는 곳입니다.

● 주님께서 친히 문을 열어 놓은 교회

요한계시록 3장 7절의 말씀을 보겠습니다.

> "빌라델비아 교회의 사자에게 편지하기를 거룩하고 진실하사 다윗의 열쇠를 가지신 이 곧 열면 닫을 사람이 없고 닫으면 열 사람이 없는 그이가 가라사대"

여기서 그리스도는 다윗의 열쇠를 가지신 이로 묘사되고 있습니다. 복음주의 신학자 존 스토트(John R. Sttot)는 여기 다윗의 열쇠는 메시아 되신 그리스도의 권세를 의미한다고 말하고 있습니다. 이 메시아 되신 주님이 이 권세의 열쇠를 가지고 교회 앞에 문을 열고 계시다는 것입니다. 그는 이 문을 열 수도 있고 닫을 수도 있는 권위를 갖고 계시는데 그분이 문을 열어 놓으셨다는 말씀입니다.

다음에 나오는 8절을 보십시오.

"볼지어다. 내가 네 앞에 열린 문을 두었으되 능히 닫을 사람이 없으리라."

그분께서 활짝 기회의 문을 여신 것입니다. 복음을 전할 수 있는 기회의 문, 그리고 사랑할 수 있는 기회의 문을 여신 것입니다. 그분은 한번 문을 열면 우리에게 충분히 기회를 주고 기다리십니다. 사도 요한은 그가 "거룩하고 진실하신 분"이라고 말합니다. 이제 문제는 이 기회 앞에 우리가 어떻게 응답하느냐는 것입니다.

● **주의 이름을 배반하지 않았다**

1세기의 빌라델비아 교회는 이런 열린 기회 앞에 효율적으로 응답하는 모범을 보였습니다. 다시 8절의 계속되는 말씀을 보십시오

"내가 네 행위를 아노니 네가 적은 능력을 가지고서도 내 말을 지키

며 내 이름을 배반치 아니하였도다."

빌라데리아 교회는 서머나 교회와 함께 책망이 없었던 두 교회 중 하나였습니다. 도대체 어떤 교회이었기에 책망 없이 오직 칭찬만을 들을 수 있었을까요? 서머나 교회는 박해 받는 교회였습니다. 주님 때문에 박해 받고 순교하는 이들에게 주님께서 무슨 책망을 하시겠습니까? 그럼 빌라델비아 교회는 무엇 때문이었을까요?

대부분의 성경학자들은 그 이유가 선교 명령에 대한 순종 때문이었을 것이라고 추측합니다. 만일 그렇다면, 서머나 교회와 빌라델비아 교회의 예에서 알 수 있듯이, 주님을 감동시키는 두 가지는 순교와 선교라고 할 것입니다.

여러분, 아직 순교하지 않고 살아 있거든 선교하십시오!

다시 8절을 살펴보겠습니다.

빌라델비아 교회는 규모가 작았던 교회였나 봅니다. "네가 적은 능력을 가지고서도"하고 적혀 있기 때문입니다. 그러나 문제의 본질은 교회의 크기, 사이즈가 아니라 순종의 여부입니다. 선교 명령에 순종하느냐는 것입니다.

주님의 선교 명령은 다시 두 가지로 나누어 생각할 수 있습니다. 하나는 복음 전도의 명령이고, 또 하나는 사랑의 실천 명령입니다. 빌라델비아 교회는 이 두 가지 명령에 지속적으로 순종했던 것으로 보입니다. 사실 빌라델비아 교회라는 이름도 그래서 지어졌는지도 모릅니다. '빌라델비아(Philadeplhia)'라는 말은 본래 필로스(philos, 사랑)와 아델포스(adelphos, 형제)라는 두 단어의 결합입니다. 앞의 버가모 교회에서도 언급한 바 있는, 페르가몬 왕국 시대 이 지역의 통치자였던 에우메네스 2세(Eumenes 2)는 전장에 나갈 때마다 정치와 군사 지식이 탁월했던 동생 아탈로스 2세(Attalos 2)에게 내정을 맡겼다고 합니다. 그래서 당시 로마는 국민의 지지를 받았을 뿐 아니라 인기도 높았던 동생 아탈로스를 왕위에 오르게 해, 이용할 목적으로 그를 충동질했지만 아탈로스는 일언지하에 거절하고 형에게 충성을 다했다고 합니다. 이것을 가리켜 세상 사람들은 '아탈로스의 형제애'라고 부르게 되었고 이것이 빌라델비아라는 지명의 유래가 되었습니다.

형제의 진한 사랑이 전해 내려오는 땅에 터전을 잡은 교회의 그리스도인들은 유대인들이 가하는 시련과 괴롭힘 속에서도(9절) 진리의 편에 굳건히 서서 주님의 말을 지키며 주님의 이름을 배반치 아니하였던 것입니다(9절 후반부). 얼마나 아름다운 교회였는지요! 얼마나 본받을 교회인지요!

● 약속: 하나님 성전에 **기둥이 되리라**

빌라델비아 교회를 향한 주님의 약속은 소극적인 것과 적극적인 것으로 나눌 수가 있습니다. 소극적인 약속은, 빌라델비아 교인들을 괴롭히던 유대인들 가운데 몇 사람이 회심하고 돌아올 것(얼마나 격려가 되었을까요!)이며(9절), 그들에게 장차 다가올 환난과 박해의 시간에 주께서 그들을 지켜 주실 것(10절)이라는 약속입니다.

그러나 주님은 이들에게 좀 더 적극적인 약속을 하셨는데, 하나님 성전에 기둥이 될 것(12절)이라는 말씀입니다. 다시 말하면 기둥 같은 존재로 공동체로 쓰임 받다가 주 앞에 기둥처럼 설 것이라는 약속입니다. 아주 흥미로운 것은 오늘날 이 빌라델비아 교회 유적이 있는 알라셰히르 현장에 가면 6세기 비잔틴 시대에 지어진 사도 요한 교회에 6개(밖으로 3개가 드러남)의 거대한 돌기둥만이 남아 있는 것을 보게 됩니다.

11절 말씀은 빌라델비아 교회 성도들이 이 상급을 잃지 않도록 면류관을 받도록 말씀을 굳게 붙잡고 살라고 권면합니다.

● 비전: 마음을 열고 전도의 기회를 **놓치지 말라**

21세기의 교회가 1세기의 빌라델비아 교회에서 배워야 할 건강한 교회의 비전은 무엇일까요? 그것은 한마디로 열린 교회가 되어야 한다는 것입니다. 문제는 어떻게 우리 교회가 빌라델비아 교회처럼 열린 교회가 될 수 있을까 하는 것입니다. 본문에서 우리는 두 가지 해답을 얻을 수 있습니다.

첫째, 불신자를 향한 전도의 기회를 놓치지 말아야 합니다.

여기 이 교회 앞에 문이 열려 있다는 것은 문이 닫힐 수도 있음을 의미합니다. 그런데 오늘 그리고 지금 문이 열려 있다는 것은 바로 기회입니다. 지금 열려진 기회를 잃지 말고 전도해야 합니다. 전도할 기회가 항상 있는 것은 아니기 때문입니다.

제가 좋아하는 이야기입니다만, 고대 그리스 시대, 지금은 이탈리아 땅인 시라쿠사(Syracusa)라는 도시에 기회의 여신 튀케(Tyche)의 동상이 서 있었습니다. 그 모습은 여자인데, 앞머리는 무성하지만 뒷머리는 대머리였으며 발에 날개가 돋아 있는 기묘한 모습이었다고 합니다. 그런데 동상 아래에는 이런 글귀가 새겨져 있었다고 합니다.

그대의 앞머리가 무성한 이유는?
내가 올 때 사람들이 쉽게 붙잡을 수 있도록

그대의 뒷머리가 대머리인 이유는?
한번 지나가면 다시는 붙잡기 어렵기 때문에

그대는 왜 날개를 발에 달고 있는가?
더 빨리 사라지기 위하여

그대의 이름은?
기회

이것이 바로 기회의 속성입니다. 전도에 관한 한 결코 내일로 미루지 마십시오 그리고 모든 타당한 열린 방법으로 전도하십시오.

구세군 창설자인 윌리엄 부스(William Booth, 1829-1912)가 배로 여행할 때의 일입니다. 어느 날 그는 탬버린을 치며 우스꽝스런 모습으로 갑판으로 걸어 나온 일이 있었습니다. 그 모습을 본 당시 영국의 저명한 작가요 시인인 키플링(Rudyard Kipling)이 의아해하며 물었습니다.

"아니 당신이 어떻게 그렇게 천박한 악기로 소리를 내며 걸어오십니까?"

그러자 부스는 이렇게 답했습니다.

"키플링 선생, 만일 한 생명이라도 구원할 수 있다면 물구나무를 서서 두 발로 탬버린을 두드려야 한다고 해도 나는 기꺼이 그렇게 할 것이오."

저는 이것이 바로 열린 그리스도인, 열린 지도자, 열린 공동체의 모습이라고 믿습니다.

최근에 싱가포르에서 셀교회를 하는 페이스 공동체 침례교회(Faith Community Baptist Church)로렌스 콩(Lawrence Khong) 목사는 복음 마술을 배워 집회에서 마술로 전도를 시작했습니다. 이런 그의 전도 방법이 다른 기독교 지도자들에 의해 비판 받게 되자 이렇게 말했다고 합니다.

"비판은 기꺼이 참조하겠습니다. 그러나 지금은 비판에 대답할 만큼 제게 한가할 여유가 없습니다. 지금 이 순간도 죽어가는 저 영혼들에게 가야 하기 때문입니다."

그의 전도 방법론에 대한 찬반을 떠나, 불신자들을 향한 그의 열려 있는 마음이 소중하지 않습니까?

건강한 성도는 열린 성도입니다. 건강한 교회는 열린 교회입니다.

둘째, 먼저 성도들이 서로에 대하여 마음의 문을 열어야 합니다.

우리 성도들이 교회 밖에 세상에 나아가 담대하게 전도하려면 먼저 우리 그리스도인 공동체 안에 세상에서 경험할 수 없는 사랑이 있어야 합니다. 초대교회가 작은 힘으로 엄청난 영향력을 발휘할 수 있었던 이유는 공동체 안에 사랑이 넘쳐났기 때문이었습니다. 초대교회 불신자들의 그리스도인들에 대한 묘사 가운데 가장 많이 등장하는 증언이 무엇인지 아십니까? 비티니아(성서상의 이름은 비두니아)의 총독이었던 소(小) 플리니우스(Plinius the Younger, 61?-113?)는 로마의 트라야누스 황제에게 보낸 편지에서 "이 그리스도인이라는 무리들은 목숨을 걸고 서로를 사랑하고 있습니다"하고 썼습니다.

그러면 이런 사랑이 어떻게 21세기 교회 안에서 다시 한번 나누어지고 실천될 수 있을까요? 우리 교회가 만일 주일 예배만을 의지하는 공동체라면 그것은 불가능한 일입니다. 바로 이 때문에 우리 교회가 12명 미만의 목장교회에 모든 성도가 반드시 소속되어야 한다고 강조하는 것입니다. 그것이 우리 교회가 큰 교회이면서도 빌라델비아 교회처럼 사랑의 공동체를 만들 수 있는 유일한 대안입니다.

이 작은 교회의 모임에서 당신의 마음을 여십시오. 당신의 삶의 고통과 아픔을 말하십시오. 그리고 이웃들의 고통의 이야기에 귀를 기울여 보십시오. 거기서 서로에 대한 진실한 이해가 시작될 것입니다. 사랑이 시작될 것입니다 치유가 경험될 것입니다. 그 열린 마음의 자리에 성령이 임하실 것입니다. 그리고 우리는 진정한 교회를 경험하게 될 것입니다. 그리고 비록 우리가 한줌밖에 안 되는 목장의 식구들이라 할지라도, 우리의 작은 능력으로 선교와 사랑의 명령에 순종을 결단하는 그곳, 바로 그곳에서 우리는 21세기의 빌라델비아 교회가 태어남을 목도하게 될 것입니다.

07 라오디게아 교회의 레슨

건강한 교회는
회개를 통해
주님과의 교제를
회복하는
교회입니다

문제는 이미 쓸모 없이 된 우리가 어떻게 다시 쓰임 받을 수 있는 자리로
회복될 수 있느냐는 것입니다. 이미 우리는 그 첫 스텝을 나누었습니다.
회개하는 것입니다. 다음은 무엇입니까?
주님과의 친밀한 교제의 자리로 돌아가야 한다는 것입니다.
그래야 주님의 음성을 듣고 주님의 뜻을 이루기 위해
주님의 도우심을 구하며 주님께 붙들려 사는
쓰임 받는 인생이 가능해지지 않겠습니까?

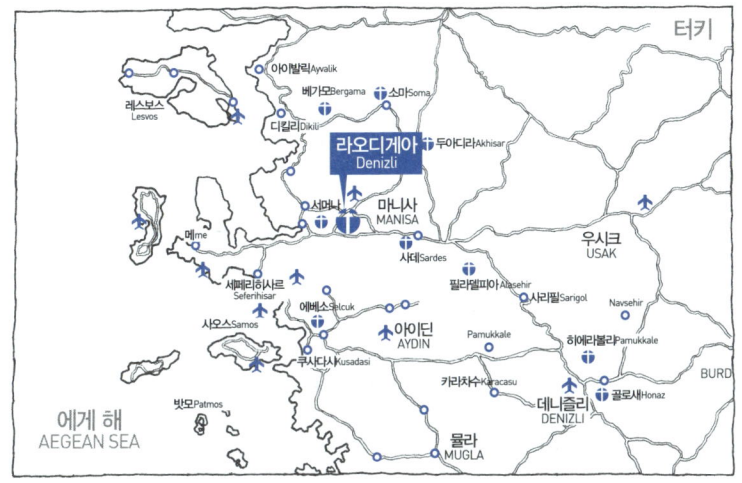

원 지명 라오디게아 Laodicea   **현재 지명** 데니즐리 Denizli 인근

라오디게아는 성서 시대 프리기아(Phrygia, 성서상의 이름은 부르기아)로 불리던 지역의 수도로서 현재 터키의 데니즐리(Denizli)시 인근 지역입니다. 이 도시는 당시 리커스(Lycus)강 (현재는 대(大) 자브 강) 계곡을 따라 반경 15km 내에 골로새 히에라폴리스(성서상의 히에라볼리, 현재 파무칼레)라는 도시와 삼각형을 이루고 있습니다. 라오디게아라는 이름은, 알렉산드로스(Alexandros, 주전 356-323, 영어식 이름은 알렉산더) 대왕의 뒤를 이은 셀레우코스(Seleucos) 왕조의 안티오코스 2세(Antiochos 2)가 아내인 라오디케(Laodice)의 이름을 갖다 붙인 도시입니다. 1710년과 1899년 대 지진 때 완전히 파괴되어 폐허가 되었는데, 현재 로마식 경기장과 원형극장 터가 남아 있습니다. 그리고 폐허 속에 십자가가 선명하게 드러난 돌무더기가 남아 있어 교회 터로 추정하고 있습니다.

우리가 사모하는 건강한 교회

세계에서 가장 부유한 나라가 어느 나라일까요? 단순한 국민 소득만 비교하는 것이 아닌, 여러 사회, 경제적 조건을 종합하여 평가하면 단연 미국이라는 데 이의를 달 사람은 없을 것입니다. 그렇다면 세계에서 끼니를 굶는 가난한 이들이 가장 많이 사는 나라가 어디일까요? 놀랍게도 역시 미국입니다. 수년 전 보고서를 보니까 미국의 약 410만 가구 1,100만 명이 경제적인 어려움으로 끼니를 굶는 것으로 나타나 있습니다. 북한 인구 중 약 1,000만 명이 기아에 시달리고 있다고 하니, 미국의 기아 인구는 북한보다 더 많은 셈입니다. 그런데 더욱 놀라운 사실은, 그 보고서에 따르면 미국 내 결식자 가운데 약 200만 명은 하루 한 끼도 먹지 못하는 날이 종종 있다는 사실입니다. 무려 200만 명에 이르는 국민들이 절대적 영양실조 상태에 있다는 것입니다. 말하자면 미국 인구 중 약 1%가 이 풍요의 나라에서 하루 한끼도 못 먹고 살고 있다는 말씀입니다. 더욱이 이 숫자는 홈리스라고 불리는 약 60만 명의 노숙자를 제외한 통계라고 합니다. 그런데 1,100만 명의 국민이 배를 곯고 있는 미국 땅 다른 한편에서는 한 해에 무려 4,360만톤 즉, 8톤 트럭으로 545만대 분량의 음식물 쓰레기가 버려진다는 통계도 있습니다. 이런 현상을 딱 맞아떨어지게 묘사하는 말이 있다면 바로 '풍요 속의 빈곤'이 아닐까 합니다.

그런데 바로 이런 풍요 속의 빈곤을 경험하고 있던 1세기의 교회가 라오디게아 교회였습니다. 이 교회는 지금까지 살펴 본 소아시아 일곱 교회 가운데 서머나 교회와 정반대의 처지에 있던 교회였습니다. 서머나 교회를 향하여 "네 환난과 궁핍을 아노니 실상은 네가 부요한 자니라"고 하시던 주님이 라오디게아 교회를 향해서는 "네가 말하기를 나는 부자라 부요하여 부족한 것이 없다 하나 네 곤고한 것과 가련한 것과 가난한 것과 눈먼 것과 벌거벗은 것을 알지 못하도다"(계 3:17)고 하신 것입니다. 서머나 교회가 가난한 것 같으나 부요한 교회였다면 라오디게아 교회는 부요한 것 같으나 가난한 교회였던 것입니다.

자, 이제 소아시아 에베소에서 시작한 일곱 교회 순례 여행이 이제 막바지에 이르렀습니다. 라오디게아는 성서 시대 프리기아

(Phrygia, 성서상의 이름은 부르기아)로 불리던 지역의 수도로서 현재 터키의 데니즐리(Denizli)시 인근 지역입니다. 이 도시는 당시 리커스(Lycus)강 (현재는 대(大) 자브 강) 계곡을 따라 반경 15km 내에 골로새, 히에라폴리스(성서상의 히에라볼리, 현재 파무칼레)라는 도시와 삼각형을 이루고 있습니다. 라오디게아라는 이름은, 알렉산드로스(Alexandros, 주전 356-323, 영어식 이름은 알렉산더) 대왕의 뒤를 이은 셀레우코스(Seleucos) 왕조의 안티오코스 2세(Antiochos 2)가 아내인 라오디케(Laodice)의 이름을 갖다 붙인 도시입니다.

그러면 이제 라오디게아 교회를 향한 주님의 메시지를 살펴 보고자 합니다.

● 주님 보시기에 신실하지 못한 교회

요한계시록 3장 14절을 보십시오.

> "아멘이시요 충성되고 참된 증인이시요 하나님의 창조의 근본이신 이가 가라사대"

충성됨 그리고 참됨이란 단어들은 한결같이 주님의 신실성을 뜻하는 단어들이라고 할 수 있습니다. 이것은 상대적으로 신실하지 못했던 라오디게아 성도들에게 가장 준엄하신 주님의 모습일 수밖에 없었을 것입니다. 그러나 창조의 근본으로 나타나신 그분의 인상은 만일 이 교회가 주님의 음성을 제대로 듣고 응답하기만 하면, 창조의 중보자이신 그분의 창조의 능력으로 새로워질 희망을 보여 주시기 위한 모습이었던 것입니다. 우리를 창조하신 그분이 바로 우리의 새 창조의 희망이시기 때문입니다. 우리를 지으신 이가 우리를 다시 새롭게 고칠 수 있지 않겠습니까? 바로 그분이 라오디게아 교회를 향해 그리고 우리 교회를 향해 말씀하고 계십니다.

● 덥지도 차지도 않아 **쓸모없게 된 온천수 같은 믿음**

이 교회를 향한 칭찬은 전혀 존재하지 않습니다. 사데 교회와 함께 책망만 받았던 교회입니다. 이 교회가 받은 책망은 두 가지로 요약할 수 있습니다. 첫째는, 열정의 상실이고, 둘째는 자아 성찰 능력의 상실입니다.

만일 어떤 사람이 인생을 사는 열정을 잃어버리고, 그러한 자신의 비참한 현실 자체를 똑바로 바라볼 능력마저 잃어버렸다면, 이 사람은 인생을 다 산 사람이 아니겠습니까?

먼저 3장 15절에서 16절 말씀을 보십시다.

> "내가 네 행위를 아노니 네가 차지도 아니하고 더웁지도 아니하도다. 네가 차든지 더웁든지 하기를 원하노라. 네가 이 같이 미지근하여 더웁지도 아니하고 차지도 아니하여 내 입에서 너를 토하여 내치리라."

당시 라오디게아에는 인근의 유명한 온천 지대인 히에라폴리스에서 온천수를 끌어와 썼는데, 온천수가 먼 거리를 흘러 들어오는 동안 미지근해졌다고 합니다. 주님께서는 바로 그런 미지근한 온천수를 빗대어 라오디게아 성도들의 영적 상태를 질책하신 것입니다.

미지근한 온천수가 제대로 된 효과를 발휘할 수 있을까요? 아마 원래의 가치가 크게 떨어졌을 것입니다. 삶을 살아가면서 최대의 저주는 이제 더 이상 가치 없는 인생, 쓸모 없는 인생이 되었다는 말일 것입니다. 결국 라오디게아 성도들의 영적 상태가 그렇게 되었다는 말씀이겠지요.

제가 이민 목회를 할 때 한 부부를 상담한 일이 있었습니다. 이 가정의 자매가 정신 병원에 입원하기 직전까지 상태가 심각해졌는데, 그 결정적인 동기가 부부 싸움을 하다가 남편이 무심코 던진 한마디-"너 필요 없어, 나가!"라는 말이었다고 합니다.

"내가 필요 없다고? 너 유학 와서 공부하는 동안 식당에서 아르바이트하고, 애 낳아 기르고. 이제 학위 마치고 겨우 직장 구하여 자리 잡을 때까지 뒷바라지 했는데, 이제 살 만하게 되니까, 그래 내가 필요 없다고?"

"필요 없어"라는 말 한마디가 지금까지 살아왔던 인생의 모든 것을 허물어 버린 것입니다. 바로 그 순간 더 이상 인생을 지속할 열정을 상실하게 된 것입니다. 그런데 여기 라오디게아 교인들의 상태가 바로 그런 삶의 이유가 되는 열정을 상실함으로써 '필요 없는' 상태가 된 것입니다.

그뿐만이 아니었습니다. 라오디게아 성도들은 자아 성찰의 능력까지 잃어버린 채 있었습니다. 사람이 아무리 망가져도 자신을 돌아볼 수 있는 자아 성찰의 능력만 있으면 우리는 그에게 아직도 희망을 걸 수 있습니다. 그러나 인생 최후의 비극은 자신을 돌아볼 능력을 잃어버렸다는 것입니다. 이것을 요즈음 말로는 '자정의 능력'이라고 합니다. 라오디게아 교인들은 자신을 돌아볼 이 안목을 상실한 것입니다.

그 이유는 무엇일까요? 성경학자들은 바로 교만 때문이라고 지적합니다. 그들을 둘러싼 외적인 풍요의 환경이 자신을 살피는 눈을 가리고 있었던 것입니다. 17절 말씀을 다시 보십시오.

> "네가 말하기를 나를 부자라 부요하여 부족한 것이 없다 하나 네 곤고한 것과 가련한 것과 가난한 것과 눈먼 것과 벌거벗은 것을 알지 못하도다."

아이러니컬한 것은, 당시 이 도시는 돈이 많아 금융업이 성행했고, 양모 사업으로 좋은 옷감을 생산했으며, 이름난 안약도 많이 생산하고 있었습니다. 그들은 외적으로는 가난함을, 벌거벗음을, 그리고 보지 못함을 걱정할 필요가 없었습니다. 그런데 내적으로는 그들은 주님 보시기에 가난했고, 헐벗고, 눈먼 상태에 있었습니다.

그럼 오늘 우리는 어떨까요?

● 책망: "네가 열심을 내라, **회개하라**"

18절을 보십시오.

"내가 너를 권하노니 내게서 불로 연단한 금을 사서 부요하게 하고 흰옷을 사s서 입어 벌거벗은 수치를 보이지 않게 하고 안약을 사서 눈에 발라 보게 하라."

주님께서는 은행에 쌓아 둔 금이 아니라 시련을 극복한 믿음으로 부요해지라고 권하십니다. 이 지역에서 나는 유명한 양모가 아닌, 흰옷 즉, 마음의 거룩함으로 옷을 입어야 한다고 권하십니다. 이 지역 특산품인 안약이 아니라 성령의 통찰력으로써 자신의 영적 실상을 볼 수 있어야 한다고 말씀하십니다.

권면은 여기서 끝나지 않습니다. 19절을 읽겠습니다.

"무릇 내가 사랑하는 자를 책망하여 징계하노니 그러므로 네가 열심을 내라. 회개하라."

열심히 회복되어야 한다는 말씀입니다. 어떤 상태가 열심히 회복된 상태이겠습니까? 저는 한마디로 다시 주님이 그들을 쓰실 수 있는 상태로의 회복이라고 믿습니다. 회개는 단순한 뉘우침이 아닙니다. 회개의 목표는 회복입니다. 본래의 정상적인 상태로 돌아가는 것입니다.

본래 이 라오디게아, 히에라볼리 일대는 온천 지대로 유명합니다. 지금도 여전합니다. 그러나 좋은 온천수가 수도관을 지나오는 동안 덥지도 않고 차지도 않게 되어 가치가 크게 떨어진 것처럼, 우리도 세상이라는 수도관을 날마다 지나오면서 세속에 물들어 덥지도 차지도 않은 믿음을 가지게 되어 주님이 쓰시기 어려운 사람이 되어 버린 것은 아닐까요? 그렇다면 먼저 성령의 도우심을 통한 자기 성찰이 있어야 합니다.

시편 기자의 기도를 상기시켜 드리고 싶습니다.

"하나님이여 나를 살피사 내 마음을 아시며 나를 시험하사 내 뜻을 아옵소서. 내게 무슨 악한 행위가 있나 보시고 나를 영원한 길로 인도하소서" 시 139:23-24.

영어 성경으로 읽어 보면 여기 아주 인상적인 세 동사, 'search', 'try', 'know'가 등장합니다. "나를 살펴주시고, 나를 시험하시고, 나를 알게 하소서." 이것이 회개의 첫 스텝입니다.

그래서 다시 내 인생의 주인되신 그분의 손에 붙들리어 그 나라와 그 의를 위해 사용될 수 있어야 합니다. 정녕 그분이 보시기에 아름다운 열심의 자리로 돌아가십시오. 그것이 회개인 것입니다.

● 비전: 쓰임 받기에 **합당한 자가 돼라**

그렇다면 오늘의 21세기를 사는 이 시대의 우리 교회가 1세기의 라오디게아 교회에서 배워야 할 레슨은 무엇일까요? 이 믿음이 식어 쓸모 없어져 버린 이 교회에서 역설적으로 배워야 할 건강한 교회 곧 웰빙 교회의 비전은 무엇이어야 합니까? 한마디로 그것은 우리 교회가 정녕 쓰임 받기에 합당한 교회가 되어야 한다는 것입니다.

그러나 문제는 어떻게 이미 쓸모없이 된 우리가 다시 쓰임 받을 수 있는 자리로 회복될 수 있느냐는 것입니다. 이미 우리는 그 첫 스텝을 나누었습니다. 회개하는 것입니다. 다음은 무엇입니까? 주님과의 친밀한 교제의 자리로 돌아가야 한다는 것입니다. 그래야 주님의 음성을 듣고 주님의 뜻을 이루기 위해 주님의 도우심을 구하며 주님께 붙들려 사는 쓰임 받는 인생이 가능해지지 않겠습니까?

부부 사이의 열정이 식어 버리는 가장 중요한 원인은 무엇일까요? 애정을 관리하지 않기 때문입니다. 부부가 한 지붕 아래 산다고 저절로 그 애정이 자라는 것은 아닙니다.

2004년 7월 한겨레 신문에 '결혼은 Yes, Sex는 No'라는 기사가 실린 적이 있었습니다. 여기 인용된 최근 통계에 의하면 성생활을 일주일에 1-2회 하는 부부가 40.2%, 한 달에 2-3회가 29.9% 그런데 놀라운 것은 일년에 몇 번의 성관계 없이 사는 사실상의 섹스리스(sexless) 부부가 8.4%에 달하고 있다는 것입니다. 그러나 이것은 일본에 비하면 결코 놀랄 만한 통계가 아니라고 합니다. 일본은 무려 28%에 이른다고 합니다. 그런데 문제는 이런 성을 잃은 부부들이 성의 만족을 가정 밖에서 찾고 있다는 것입니다.

그런데 한 가정 안에 살면서도 사랑을 잃어 가는 비극은 신앙의 영역에서도 그대로 발생할 수 있습니다. 라오디게아 교인들이 그랬습니다. 20절을 보십시오.

"볼지어다. 내가 문 밖에 서서 두드리노니 누구든지 내 음성을 듣고 문을 열면 내가 그에게로 들어가…"

전도할 때 자주 우리가 이 구절을 사용합니다만, 사실 이 말씀은 이미 예수를 믿고 있는 라오디게아 성도들에게 주신 말씀이었습니다. 성도들도 주님을 마음의 문 밖에 세워 둘 수 있다는 말씀입니다. 우리가 신앙생활을 제대로 관리하지 않으면 주님과의 관계까지 단절되는 것은 아니지만 교제는 얼마든지 끊어질 수 있습니다. 마치 사랑 없이 그저 한 지붕 아래서 살고 있을 뿐인 부부처럼 말입니다.

본래 라오디게아 교회는 눔바라는 여인의 집에서 가정교회로 시작된 교회였습니다. 골로새서 4장 15절에 "라오디게아에 있는 형제들과 눔바와 그 여자의 집에 있는 교회에 문안하고"라고 적고 있습니다. 가정 교회로 시작한 이 교회는 양적으로 성장하면서 주님과 성도들 사이의 친밀한 교제를 상실한 것입니다. 그리고 덩치는 컸지만 어느새 믿음이 미지근한 교회가 된 것입니다.

외형상 급성장하고 있는 우리 교회에서 목회하며 제가 제일 두려워하는 일이 있다면 바로 우리 교회에서도 그런 일이 일어날 수 있다는 것입니다. 그것이 우리 교회가 주일 예배나 주일 교회만이 아닌 주간이나 주말에 가정에서 모이는 셀교회, 목장교회를 생명을 걸고 강조하는 이유입니다.

여러분의 마음 문을 두드리는 애절한 주님의 음성을 들으십시오. 그리고 그분과 다시 식탁에 앉아 사랑을 나누는 교제를 회복하십시오. 다시 우리들의 눔바의 가정 그 친밀한 삶의 한 복판으로 돌아가십시다. 거기 우리의 존재를 열고 마음을 열고 우리의 상처와 고통을 나누는 그 자리 거기에 주께서 우리 가운데 오셔서 함께 할 때 우리는 다시 한번 부흥을 체험할 것입니다. 그리고 치유를 경험하고 건강을 회복하고 일어서는 사랑스런 지체들을 바라보며 우리는 비로소 우리를 통해 민족을 치유하시고 세상을 바꾸시는 주님을 찬양하게 될 것입니다. 할렐루야!

 **PART 2**

사랑은 동사입니다. 사랑은 구체적인 사랑의 실천의 장을 가질 때
비로소 꽃을 피우고 열매를 맺는 것입니다.
그래서 우리는 12명 미만의 사람이 작은 교회로 모여 서로를 돌보고
그리고 구체적인 선교와 이웃 사랑의 실천으로
우리의 이웃들에게 다가가고자 하는 것입니다.

건강한 교회의 7가지 모델

01 밧모 섬의 레슨

건강한 교회는 언제 어디서나 예배를 드립니다

우리 마음속에 하나님을 향한 열망이 있다면
우리는 어떤 상황, 어떤 조건 속에서도 주변에서
믿는 성도들을 찾아내어 함께 예배드릴 수 있어야 합니다.
교회당이 없어도 우리는 여전히 하나님을 예배할 수가 있어야 합니다.
아니 교회당의 문이 닫히면
우리의 삶의 모든 처소가 예배당이 될 것입니다.

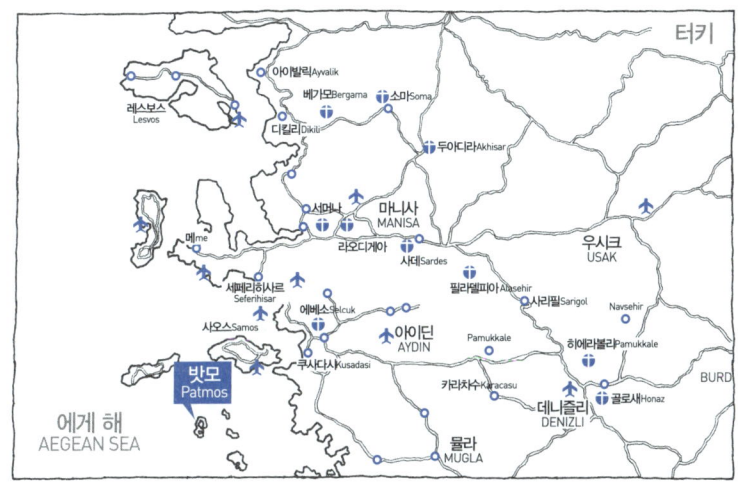

원 지명 밧모 patmo   **현재 지명** 밧모 patmo

밧모 섬은 계시록의 저자인 요한이 로마의 도미티아누스 황제의 박해를 받아 유배가서 요한계시록을 기록한 장소로 알려진 섬입니다. 이 밧모 섬은 로마 시대 종교, 정치범을 귀양 보냈던 유배지였습니다. 계시록 저자인 요한은 도미티아누스 황제 때 황제 숭배를 거부한 죄목으로 이곳에 유배 와서 약 18개월 동안 살다가 풀려났습니다. 현재 요한이 예배를 드렸던 동굴이 유적으로 남아 있습니다.

편안한 환경에서 자라나는 자녀들이 제일 손해 보는 일이 무엇일까요? 두 가지 입니다.

첫째, 그 편안한 환경을 축복으로 이해하지 못한다는 것입니다. 당연하게 생각합니다.

둘째, 그렇게 자라다가 어려운 환경에 갑자기 맞닥뜨리게 되면 당황하고 방황한다는 것입니다. 준비가 없었고 경험이 없었기 때문입니다.

신앙생활도 마찬가지입니다. 나무나 순탄한 신앙 환경 안에서 자라난 분들은 그것을 축복으로 이해하지 못합니다. 그리고 갑자기 신앙생활에 위협을 당하는 상황이 전개되면 어쩔 줄 몰라 하고 당황하고 방황합니다. 예컨대 갑자기 한 사회 안에 정치적으로 그리스도인들이 신앙생활을 제약 받고 억압 받고 박해 받는 상황이 전개될 때 너무나 많은 준비 없었던 성도들은 신앙을 등지고 교회를 떠나

갑니다.

이러한 현상은 한국 땅에서도 낯선 일이 아니었습니다. 일제 시대에 우리는 그런 경험을 했습니다. 일본 천황에 대한 신사 참배가 강요되면서 이를 거절한 모든 성도들은 투옥되었고 다만 양심을 저버리고 타협한 교인들만 형식적인 교회 안에 존재하게 되었습니다.

우리는 또다시 6.25를 전후한 공산 치하에서도 똑같은 경험을 했습니다. 지금도 북한 땅에서는 북한 정권에 협력하는 소수의 사람들만이 국가가 관리하는 두세 개의 교회에 출석할 뿐 진정한 신앙인들은 철저하게 박해 당하고 지하 교회에서 신앙을 유지하고 있습니다.

로마의 도미티아누스 황제(Domitianus, 주후 51~96)는 생애 말기이던 주후 95년경 권력 누수 현상을 만회하고 통치력을 강화하기 위하여 자신을 '주인이자 신'(Dominus et Deus)으로 숭배하도록 강요했습니다. 이 정책의 첫째 희생자들이 바로 그리스도인들이었습니다. 그리스도인들에게는 하나님 외에 누구도 경배의 대상일 수 없기 때문이었습니다. 바로 이때 당시 소아시아의 대표적인 기독교 지도자였던 사도 요한이 체포되어 밧모섬으로 유배되어 오게 되었습니다.

이러한 사정을 그는 요한계시록 1장 9절에서 이렇게 설명하고 있습니다.

"나 요한은 너희 형제요 예수의 환난과 나라와 참음에 동참하는 자라. 하나님의 말씀과 예수의 증거를 인하여 밧모라 하는 섬에 있었더니"

그리고 그가 이 섬에서 주일을 맞이했을 때 그에게는 두 가지 질문이 있었을 것입니다.

첫째는, 무엇을 해야 하는가라는 질문이고 둘째는, 무엇을 기대할 수 있는가 라는 물음이었을 것입니다. 이 물음은 오늘을 사는 우리에게도 어느 날 우리가 자유롭게 교회당에 나아와 주님을 예배하게 되지 못할 상황에 맞닥뜨리게 된다면 똑같이 제기될 두 가지 질문입니다.

● 고난의 유배 생활에도 **예배를 잊지 않은** 요한

먼저, 무엇을 해야 하는가에 대한 대답은, 여전히 주일을 기억하고 주님을 예배해야 한다는 사실입니다. 10절에서 사도 요한이 "주의 날에 내가…"라고 강조한 것은 그가 이 유배지에서도 얼마나 주일을 사모하고 있는지를 보여 줍니다. 그리스도인들에게 주일은 한

주의 첫째 날이며 안식 후 이튿날, 곧 주께서 죽음을 이기고 부활하신 날이었습니다. 처음 그리스도인들은 바로 이 날에 모여 주님의 부활을 축하하고 공동체의 승리를 서로 격려할 수 있었습니다. 그래서 이 날은 예배의 날이요 축제의 날이었습니다. 그래서 이들은 물론 모든 날이 주의 것이지만 특히 이날을 기념하고 구별하여 떡을 떼며 주님을 예배했던 것입니다. 마치 우리가 가진 십분의 십 전체가 주의 것이지만 십분의 일을 구체적으로 구별하여 십일조로 드리는 것과 마찬가지입니다. "안식 후 첫 날에 우리가 떡을 떼려 하여 모였더니…"(행 20:7) 라는 표현이 사도행전에 얼마나 자주 등장하는지요?

지금 사도 요한은 이 낯선 고난의 밧모 섬에서 유배 생활을 하지만 어떻게 주일을 잊겠으며 주일 예배의 감격을 잊을 수 있겠습니까? 물론 본문에 직접적으로 사도 요한이 예배를 드렸다고 기록하지는 않았습니다. 그러나 10절에 사도 요한이 주의 날에 성령에 감동되어 주의 음성을 들었다고 했는데 요한계시록에서 이런 표현은 대부분 예배 상황을 전제로 한 경험을 증거하고 있습니다. 예컨대 4장 1절에서 2절에 요한이 주의 음성을 듣고 성령에 감동하였다고 했는데 이어 4장 10절에 보면 24장로들이 보좌에 앉으신 하나님께 엎드려 경배했다고 적고 있습니다.

사도 요한이 혼자 예배했는지 유배된 죄수들 가운데 그리스도인들을 찾아 함께 예배했는지도 확실하지는 않습니다. 전승에 의하면 사도 요한이 밧모 섬으로 유배를 떠날 때 에베소 교인들은 요한 사도를 돕도록 요한의 제자였던 프로코루스(Prochorus, 성서상에는 브로고로-사도행전 6장 5절, 예루살렘 7집사 중 한 사람)를 함께 동행시켰다고 합니다. 그렇다면 아마도 요한, 포로코루스, 그리고 몇 사람의 그리스도인들이 함께 밧모 섬의 암굴에 엎드려 주일 예배를 드렸을 것입니다. 그리스정교회 전승에 의하면 이때 요한에게 계시가 임했고 요한은 그가 받은 계시를 프로코루스에게 구술하여 계시록을 기록하게 했다고 전하고 있습니다. 지금도 밧모 섬에는 사도 요한이 주를 예배하고 계시를 받은 장소를 '계시 동굴 교회'로 보존하고 있고 같은 지역에 후대에 세워진 신학교가 남아 있습니다.

그렇습니다. 우리 마음속에 하나님을 향한 열망이 있다면 우리는 어떤 상황, 어떤 조건 속에서도 주변에서 믿는 성도들을 찾아내어 함께 예배드릴 수 있어야 합니다. 이렇게 해서 밧모 섬의 주일 예배가 드려진 것입니다.

그렇습니다. 교회당이 없어도 우리는 여전히 하나님을 예배할 수가 있어야 합니다. 아니 교회당의 문이 닫히면 우리 삶의 모든 처소가 예배당이 될 것입니다.

● 예배는 주님을 **만나는 일**

우리가 하나님을 예배하며 기대할 것이 무엇입니까? 주님 만나는 일이 아니겠습니까? 그러면 과연 주님은 외로운 유배지 밧모 섬에서 주를 예배하는 요한을 만나 주셨을까요? 물론입니다. 주님은 나팔 같은 음성으로 말씀하시며 다가 오셨습니다. 전승에 의하면 요한이 무릎 꿇어 기도하며 경배하는 동안 갑자기 등 뒤에서 커다란 음성이 들려 왔다고 합니다. 놀란 요한은 "당신은 누구십니까?"하고 묻습니다. 음성은 세 갈래로 갈라진 천장 바위틈에서 울려 나오고 있었습니다.

"나는 알파와 오메가라. 이제도 있고 전에도 있었고 장차 올 자요 전능한 자라 하시더라" 계 1:8.

그날 요한은 주님의 음성을 들었고 주님의 환상을 보았습니다. 그러면 그가 본 환상의 초점은 무엇입니까? 요약하자면 두 가지입니다. 하나는 그가 교회를 다스리는 주님이라는 것이고 또 하나는 그가 역사를 다스리는 주님이라는 것입니다. 이것이 요한계시록 전체 계시의 핵심입니다. 오늘날 우리가 주님을 경배할 때에도 요한이 주님을 만난 것과 똑같이 스스로를 계시하는 주님을 만날 수 있다고 믿습니다.

1) 교회를 다스리시는 주님

요한은 그가 섬기던 교회 현장을 빼앗긴 채 유배되어 밧모 섬에 왔습니다. 아마도 이 섬으로 유배되어 떠날 때 요한은 "아니 주님 당신의 교회들을 이렇게 버리십니까?" 하고 묻고 싶었을지도 모릅니다. 그러나 그가 본 환상은 그가 뒤에 두고 온 소아시아 일곱 교회를 상징하는 일곱 금 촛대 사이로 주께서 발에 끌리는 옷을 입고 다니시는 모습이었습니다. 그리고 그의 오른손에는 일곱 별이 있었습니다. 요한계시록 1장 12절에서 13절을 읽어 보십시오. 그리고 이 환상의 의미는 다시 20절에서 해석되고 있습니다.

"네 본 것은 내 오른손에 일곱 별의 비밀과 또 일곱 금 촛대라. 일곱 별은 일곱 교회의 사자요 일곱 촛대는 일곱 교회니라."

무슨 뜻입니까? 그가 여전히 교회의 주인이라는 말씀입니다. 그리고 그가 교회와 지도자들을 붙잡고 다스리신다는 것입니다. 교회는 지도자를 필요로 하지만 교회는 결코 인간적인 지도자에게 의존해 있지 않다는 것입니다. 교회가 박해를 받고 지도자는 쫓겨나고 교회의 교인들이 다소간 흩어지고 위축될 수 있지만 교회는 결코 망하지 않습니다. 최후의 승리는 교회 편입니다. 왜냐하면 교회의 주인이 예수 그리스도시기 때문입니다. 그는 친히 마태복음 16장 18절에서 "내가 이 반석위에 내 교회를 세우리라"고 하셨고 "음부의 권세가 이기지 못하리라" 말씀하셨습니다.

2) 역사를 다스리시는 주님

요한계시록 1장 8절에서 예수님께서는 그가 전에도 있었고 이제도 계시고 장차 올 자라고 말씀하셨습니다. 무슨 뜻입니까? 그는 과거와 현재, 그리고 미래의 주인이라는 뜻이 아닙니까? 다시 17절에서 그는 "나는 처음이요 마지막이라"고 말씀하십니다. 18절에서 그는 죽었다가 다시 사신 분, 사망과 음부의 열쇠를 가지신 분, 곧 이 세상과 저 세상을 함께 지배하시는 분이라고 자신을 선언하십니다. 그가 19절에 요한에게 명하십니다. "그러므로 네가 본 것과 지금 있는 일과 장차 될 일을 기록하라."

역사의 과거와 현재 미래를 아시고 다스리는 유익한 분이 보여 주시의 역사를 기획하는 것입니다. 요한계시록은 바로 이 비밀을 기록한 책입니다. 요한계시록에는 역사의 과거에 일하신 주님의 모습이 등장합니다. 요한이 이 계시를 받던 당시 교회의 현실이 그대로 기록됩니다. 그리고 앞으로 나타날 역사의 비밀이 또한 기록되고 있습니다. 소위 7인봉이 차례로 열리면서 7나팔이 불어지면서 이어서 7대접이 쏟아지면서 이 세상 역사 속에 넘쳐나는 죄악들을 심판하는 전쟁, 기근, 온역. 자연의 재앙들로 신음하는 지구의 역사가 증언되고 있습니다.

그러나 요한계시록의 역사는 결코 비관적이 아닙니다. 흔히 요한계시록을 노스트라다무스의 예언 같은 종류의 비관적인 종말의 책으로 오해하는 경향이 있습니다. 그것은 요한계시록을 피상적으로 읽은 것입니다. 사실 요한계시록은 한마디로 죄악과 심판의 역사의 한복판에서 교회가 어떻게 세상의 소망이 되어야 하는가를 보여 주는 책입니다. 더럽혀진 교회, 더럽혀진 성도들도 이 땅에는 적지 않지만 주님은 여전히 거룩한 교회, 거룩한 성도들을 사용하셔서 거룩한 승리를 선포하게 하실 것을 예언한 것입니다. 소아시아 일곱 교회를 향해 보낸 요한의 편지의 마지막 부분에 어김없이 등장하는 "이기는 자에게는"이라는 표현은 교회의 궁극적인 승리를 기대하는 주님의 마음을 나타내는 것입니다.

주석가 윌리엄 헨드릭슨(William Hendriksen)은 요한계시록의 열쇠 구절을 11장 15절로 보고 있습니다. "세상 나라가 우리 주와 그 그리스도의 나라가 되어 그가 세세토록 왕 노릇 하시리로다."

헨드릭슨은 요한계시록의 주제가 '우리는 넉넉히 이긴다'로 보았습니다. 그렇습니다. 그가 역사의 주인이십니다. 그가 역사를 다스리십니다. 그러므로 우리는 넉넉히 이길 것입니다.

맞습니다. 때로는 세상에 의해 경멸 받고 핍박 받는 예수의 교회-그러나 이 교회만이 세상의 소망이고 구원인 것입니다. 비록 요한 사도는 그가 섬기던 소아시아의 교회들을 떠나 밧모 섬에서 유배 생활을 하고 있었지만 교회를 다스리고 역사를 다스리시는 주님의 환상을 보는 순간 외로운 밧모 섬의 암굴에서 형제들과 다시 작은 공동체를 만들고 주일마다 역사의 주인이신 주님을 경배한 것입니다.

이들의 예배, 이들의 모임 안에서 새 역사의 여명이 밝아 오고 있었습니다. 자신을 신으로 경배하라고 강요했던 황제 도미티아누스는 주후 96년 마침내 살해되고 요한 사도는 유배에서 풀려나 다시 소아시아로 돌아옵니다. 그리고 소아시아의 교회들은 또 한번 부흥을 경험하게 됩니다. 교회가 승리한 것입니다.

3.1운동이 일어났던 해는 1919년이었습니다. 그리고 우리나라가 일본에게 주권을 완전히 빼앗긴 한일합병이 이루어진 때는 1910년 8월 22일이었습니다. 그런데 그보다 3년 앞선 1907년에 어떤 일이 있었는지 아십니까? 바로 전국적으로 뜨거운 성령의 불길이 일어나게 했던 평양 대부흥이 일어났습니다. 이 부흥을 경험하며 한국 교회는 뜨거워졌고 순결해졌으며 담대해진 것입니다. 교회사가인 민경배 교수는 그의 저서 '한국 기독교회사'에서 이때 있었던 부흥 운동이 일제 하의 민족사에 끼친 영향을 이렇게 서술하고 있습니다.

"이 대부흥이 일어났을 때 한국 교회는 민족적 시련의 비극에서 헤어 나올 수 있는 힘을 획득했을 뿐 아니라, 장차 계속해서 겪어야 할 숱한 험로를 지나, 절망밖에 안 보이는 국운에 맞서 지그시 발 딛고 정도에 나가는 힘과 예지와 담력을 소유하게 되었던 것이다."(민경배, '한국기독교회사', p.260) 다시 말하면 이런 교회가 경험한 부흥의 힘, 그 거룩한 능력으로 우리는 일제 시대의 고난에 승리할 수 있었다는 것입니다. 저는 이번 목장교회 주일을 통해 우리 교회가 이런 부흥을 체험하기를 기도합니다. 그리고 다시 한번 우리 교회가, 그리고 한국 교회가 민족의 구원과 소망이 되기를 기도하십시다.

02 골로새 교회의 레슨

건강한 교회는 '영양'과 '환경'이 조화를 이룹니다

이렇게 집에 모이는 교회였기에
골로새 성도들은 몸과 몸을 부딪치며 삶의 현장
그 한복판에서 믿음과 사랑,
그리고 소망을 구체적으로
그리고 실천적으로 키워 갈 수 있었던 것입니다.
이것이 바로 목장교회의 보람이요
영광입니다.

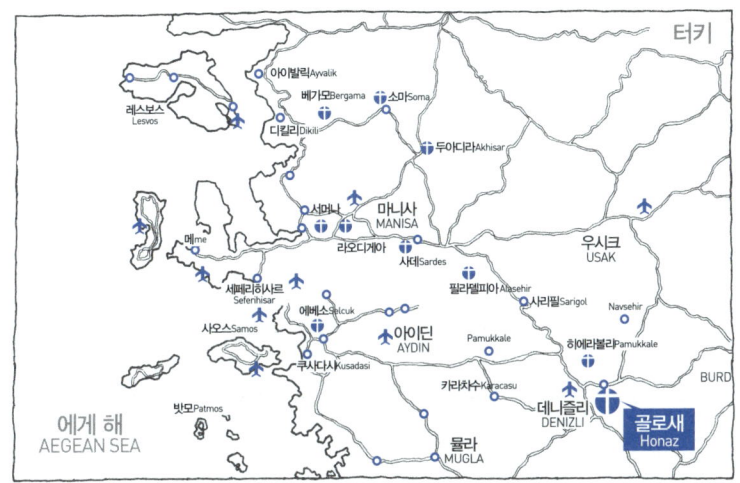

원 지명 콜롯새 Colossae   **현재 지명** 데니즐리 동쪽 5km 지점의 호나즈 Honaz산 근처

하오디게아, 히에라폴리스(성서상의 히에라볼리)와 함께 에베소에서 유프라테스까지 연결되는 동서 무역로에 위치한 지리적 이점 때문에 주후 8세기까지 인근에서 가장 번성하는 도시였습니다. 그러나 12세기에 터키 족의 침입을 받아 폐허가 되었고, 1835년에 시가지와 성벽의 유적이 발굴되어 이 지역이 고대의 골로새였음이 입증되었습니다. 현재 남아 있는 유적은 대리석 기둥, 좌석이 아직 남아 있는 극장의 폐허, 그리고 바위를 깎아 만든 공동묘지, 고대 교회의 터전 등이 있습니다.

우리가 사모하는 건강한 교회

우리 교회는 우리 교회 역사상 처음으로 주일 예배를 목장교회에서 드렸습니다. 두 가지의 중요한 목적을 가지고 우리는 이 시도를 했습니다.

첫째는, 과거 교회 역사상 무수하게 세계 도처에서 경험한 것처럼 갑자기 신앙의 박해가 찾아와 우리가 교회당에 나가기 어려운 상황이 찾아올 경우 주일 예배를 목장에서 드리는 훈련을 하는 것입니다. 둘째는, 어떻게 해서든 우리 교회 출석하는 대부분의 성도가 목장교회라는 작은 공동체 구조 안에서 신앙생활을 영위하도록 자극하고 격려하고자 하는 것입니다.

현재까지 우리가 조사한 것에 의하면 우리 교회에 등록한 교우 중 약 70%가 목장 모임에 참여하고 있는 것으로 나타나고 있습니다. 그 말은 아직도 우리 교회 가족 중 약 30%는 전혀 목장교회와 상관없이 주일 예배만 참여하고 있다는 의미도 됩니다. 그분들에게 목장교회의 중요성을 진지하게 생각할 수 있는 도전적인 기회를 제공하고자 하는 것입니다.

어떤 분들은 우리 교회가 목장교회를 도대체 이렇게 강조해야 할 이유가 무엇이냐고 의문을 품을 것입니다. 그에 대한 분명한 대답은, '우리 교회가 건강한 교회로 가기 위해서'입니다. 만일 우리 교우들이 우리의 믿음을 주일 예배만 의존하는 형태를 계속 유지해 간다면 우리는 신약 성경, 특히 사도행전이 강조하는 그리스도인들의 모습과는 전혀 다른 피상적인 종교인들을 양산하는 교회가 될 것입니다. 사도행전의 초대 그리스도인들은 성전에서뿐 아니라 성도들의 집에서 날마다 모여 떡을 떼며 서로를 돌아보고 서로를 위해 기도하며 이웃들에게 그리스도를 증거하는 건강한 공동체를 이루어 가고 있었습니다. 그리고 이런 건강한 사랑의 공동체는 당시의 세상에 적지 않은 영향을 끼쳐 세상을 변화시키는 소금이었고 빛이었고 누룩이었던 것입니다.

사랑하는 교우 여러분, 한번 예수를 믿으려면 성경적으로 초대 그리스도인들의 모범을 따라 제대로 믿어 보시지 않겠습니까? 저는 이런 중요한 의미를 지니는 목장교회 주일을 앞두고 초대교회 중 건강한 모범을 남겼던 한 교회를 같이 생각해 보고자 합니다. 이 교회가 바로 골로새 교회입니다. 마침 골로새 교회는 소아시아 일곱 교회 중 마지막 교회였던 라오디게아 교회의 이웃 교회로서, 라오디게아, 히에라폴리스(성서상의 히에라볼리)와 삼각 지역을 이루던 골로새에 세워진 곳이었습니다. 저는 여러분과 함께 골로새 교회가 건강한 교회로 성장해 갈 수 있었던 이유들을 바울 사도가 이 교회를 향해 써 보낸 편지의 서문을 통해서 추적해 보고자 합니다.

저는 한 인간이 인간다운 건강한 존재로 성장해 가기 위해서 무엇보다 필요한 것 두 가지가 있다고 믿습니다. 인간의 성장에 유전인자 이상으로 더 중요한 이 두 요소는, 하나는 영양이요 또 하나는 환경이라고 생각합니다. 오늘 우리는 1세기의 골로새 교회가 건강하게 자라갈 수 있었던 그 영양과 환경에 대하여 생각해 보고자 합니다.

● 건강한 교회의 3대 영양소, 믿음, 소망, 사랑

첫째는, 영양입니다.

골로새 교회와 골로새 성도들을 건강하게 자라게 한 건강한 영적인 영양소들은 무엇이었을까요? 결론부터 말씀드리면 믿음과 소망과 사랑입니다. 우리가 어떤 성도를 보면 믿음은 좋은데 사랑이 없고, 어떤 분은 반대로 사랑은 많은데 믿음이 부족합니다. 또 어떤 분은 믿음도 사랑도 좋은데 미래에 대한 특별한 소망이 없이 삽니다. 꿈이 없이 살아갑니다. 그런데 골로새 성도들은 믿음과 사랑, 그리고 소망이라는 세 가지 영양소를 골고루 취하고 있었던 것입니다. 우리의 건강을 돌보고 상담해 주는 의사들이나 영양사들이 늘 강조하는 것이 영양의 균형이 아닙니까? 그런데 골로새 교회는 바로 이런 영적인 세 가지 영양소의 균형을 절묘하게 유지하면서 자라 가고 있었던 것입니다.

골로새서 1장 3절에서 바울 사도는 이런 골로새 교회 성도들을 생각하며 하나님께 감사드린다고 했습니다. 4절 이하에서 언급한 그들의 믿음, 사랑, 그리고 소망 때문이었습니다. 4절에서는 예수님에 대한 분명한 고백적인 믿음, 그리고 다른 모든 성도들에 대한 사랑을 칭찬했습니다. 그리고 5절에서는 하늘에 쌓아 둔 흔들림 없는 소망을 칭찬했습니다. 그들은 바로 이런 꼭 필요하고 중요한 믿음, 사랑, 그리고 소망 안에서 자라 가고 있었던 것입니다. 그리고 이렇게 믿음과 사랑과 소망의 균형 안에서 골로새 교인들이 잘 자라 갔던 것은 이들이 복음을 바로 듣고 복음을 바로 깨달았기 때문이라고 칭찬합니다. 6절을 읽어 보십시오.

"이 복음이 이미 너희에게 이르매 너희가 듣고 참으로 하나님의 은혜를 깨달은 날부터 너희 중에서와 같이 또한 온 천하에서도 열매를 맺어 자라는도다."

골로새 성도들은 복음을 단순한 새로운 지식으로 받아들이지 않았습니다. 복음을 통해서 그들은 참으로 하나님의 은혜를 깨달았다고 했습니다. 하나님이 얼마나 우리를 사랑하셔서 우리의 구주와 주님으로 예수를 보내신 것과 그가 왜 우리의 죄를 대신하여 십자가에서 죽으셨는지를 깨달은 것입니다. 그 은혜 그 사랑에 대한 깨달음이 골로새 성도들로 하여금 예수를 믿음으로 살게 하고, 같은 믿음 안에 형제 된 성도들을 사랑함으로 살게 한 것이며, 그리고 주께서 약속하신 천국의 소망을 붙들고 살게 한 것이었습니다. 그리고 그들의 믿음은 계속해서 그들이 살고 있는 세상(천하)에 영향을 끼치며 자라 갈 수 있었던 것입니다.

그렇다면 참으로 중요한 질문은 이것입니다. 복음을 깨달으셨습니까? 그리고 저와 여러분의 믿음이 사랑이, 그리고 소망이 자라고 계십니까?

● 건강한 지도자와 모범적인 신앙 가정

둘째는, 환경입니다.

우리의 인간으로서의 건강한 성장에는 영양 못지 않게 중요한 것이 성장 환경입니다. 우리가 집을 보다 나은 곳으로 이전하려는 동기도 더 나은 환경 곧 교육 환경, 자연환경, 교통 환경 때문 아닙니까? 골로새 교회의 건강한 성장의 역사에서 우리는 두 가지 환경을 지적할 수 있습니다.

먼저, 건강한 지도자들의 돌봄이라는 환경이 있었다는 것입니다.

우리가 한 인간으로 건강하게 자라 가는 데 건강한 부모의 역할이 얼마나 중요한 것인가를 아무리 강조해도 지나치지 않을 것입니다. 문제아가 문제가 아니라 부모가 문제라는 말이 있습니다. 자녀의 성장에 부모의 역할은 다른 무엇으로도 대치될 수가 없습니다. 때때로 자녀를 홀로 키우는 홀어머니가 힘겨워하는 모습을 볼 때 안타까운 마음을 갖게 됩니다. 아빠의 자리, 아빠의 역할을 다른 무엇으로도 대치하기가 어렵기 때문입니다. 그러나 이렇게 아빠 없이 자라나는 아이들도 때때로 정신적인 아빠의 역할을 비슷하게 감당해 주는 스승이나 어른들이 주변에 있을 경우에는 아빠의 공백을 상당한 수준으로 극복할 수 있다는 보고서가 나와 있습니다. 그래서 이런 어머니는 아이들을 고립시키지 말고 좋은 어른들을 만날 수 있는 환경을 아이들에게 제공해야 할 필요가 있습니다.

신앙생활의 성장도 마찬가지입니다. 우리의 믿음의 성장 과정에서 얼마나 좋은 영적 지도자들을 만나 신앙의 영향을 받고 돌봄을 받느냐가 아주 중요한 것입니다. 이런 면에서 골로새 교회는 행복한 교회였습니다. 당대의 최고의 존경 받는 지도자 바울 사도가 지금 이 교회에 친히 편지를 써서 그들의 신앙을 코치하고 있었던 것입니다. 성경학자들은 바울 사도가 직접적으로 골로새를 방문한 적은 없었고 따라서 골로새 교회는 바울이 직접 설립한 교회는 아니었으며 바울의 제자였던 에바브라라는 분에 의해 설립된 교회로 추정합니다. 아마도 골로새에서 100마일 떨어진 에베소 두란노 서원에서 바울이 사역할 때 에바브라가 에베소에 와서 바울 사도에게 전도와 양육을 받고 골로새에 돌아와 골로새 교회를 개척한 것으로 보입니다.

골로새서 1장 7절을 보십시오.

"이와 같이 우리와 함께 종 된 사랑하는 에바브라에게 너희가 배웠나니 그는 너희를 위하여 그리스도의 신실한 일꾼이요."

이어지는 8절은 에바브라가 골로새 성도들과 바울을 연결시켜 주고 있었음을 시사하지 않습니까? 에바브라는 바울 사도가 골로새 교회에 관심을 가져 주기를 소원했던 것입니다. 바울이 이 골로새서 편지를 로마의 감옥에서 쓸 때 아마도 에바브라는 바울을 위로하기 위해 로마에 와 있던 것으로 보입니다. 골로새서 4장 12절을 보십시오.

"그리스도 예수의 종인 너희에게서 온 에바브라가 너희에게 문안하니 저가 항상 애써 기도하여 너희로 하나님의 모든 뜻 가운데서 완전하고 확신 있게 서기를 구하나니."

에바브라는 여기 로마에 와서도 늘 골로새 교회를 위해 기도하고 있었던 것입니다. 이런 신실한 지도자 에바브라, 그리고 존경 받는 지도자 바울의 코치를 받았던 골로새 교회는 얼마나 행복한 교회였습니까?

그 외에도 골로새 교회 성도들은 평신도 지도자에 해당된다고 할 수 있었던 빌레몬, 그리고 오네시모 등 여러 지도자들의 다양한 모범을 보며 영적으로 자라 갈 수 있었습니다. 사실 한 특정한 지도자만 지나치게 의지하는 교회는 건강한 교회라고 할 수 없습니다. 그런 면에서 본문이 기록되던 1세기 당시 가장 두드러진 지도자였던 바울 사도나 요한 사도에 의해 직접 돌봄을 받았던 교회들보다 여러 건강한 보통 지도자들의 영향을 받았던 골로새 교회가 더 건강한 교회였다고 할 수 있습니다. 저는 개인적으로 우리 교회가 건강하게 성장하는 데 제일의 장애물은 바로 담임목사인 저라고 느낄 때가 많습니다. 그러나 만일 우리 교회 모든 성도들이 목장교회 안에 들어가 건강하게 믿음 생활을 하는 여러 보통 지도자들과 만남과 나눔을 가질 수 있다면 이런 문제를 어느 정도 극복할 희망을 갖습니다.

둘째, 모범적 신앙 가정의 모델이라는 환경이 있었다는 것입니다. "자녀들은 부모의 뒷모습에서 배운다"는 말이 있습니다. 자녀들은 단순히 부모가 앞에서 타이르는 말을 듣고 자라는 것이 아니라 부모가 날마다 살아가는 일상생활의 모습을 보면서 더 많은 영향을 받는다는 것입니다. 이런 것을 교육학적인 표현으로 역할 모델(Role Model)이라고 부릅니다. 오늘날 교육학자들은 이른바 인격 형성에서의 인지적 학습(Cognitive Learning)의 한계를 지적하고 있습니다. 교실 같은 곳에서 선생님을 통해서 인격적인 성숙을 도모하는 데는 한계가 있다는 것입니다. 진정한 인격의 변화는 삶을 나누는 공동체의 구조 속에서만 가능하다는 것입니다. 듣는 것으로는 부족합니다. 믿음으로 산다는 것이 무엇인지 그렇게 살아가는 것을 우리는 눈으로 실제로 보고 손으로 만질 필요가 있다는 말입니다. 그런데 골로새 교회는 이런 믿음을 눈으로 보고 배우는 현장을 가지고 있었던 것입니다. 왜냐하면 골로새 교회가 집(가정)에서 모이고 있었기 때문입니다.

빌레몬서 1장 2절에 나오는 "네 집에 있는 교회"가 바로 골로새 교회입니다. 그리고 빌레몬은 바로 골로새 교회의 중요한 지도자였던 것입니다. 그는 골로새 교회가 모일 수 있도록 자기 집을 오픈(대단한 헌신)하여 성도들이 모이게 했던 것입니다. 그런데 이 빌레몬의 가정은 온 가족이 주께 헌신한, 신앙적으로 모범이 되는 가정이었던 것입니다. 이런 집을 드나들면서 골로새 교인들은 믿음으로 자녀를 어떻게 양육하는지, 어떻게 부부가 아끼고 사랑하는지, 어떻게 온 가족이 주께 헌신하는지를 보고 배울 수가 있었을 것입니다.

성경학자들은 여기 2절에 나오는 이름들이 모두 빌레몬의 가족들이었을 것이라고 추측합니다. 여기 자매 압비아는 빌레몬의 아내였고, 병사(군사)된 아킵보는 그의 아들이었을 것이라고 전해집니다. 우리는 골로새서 4장 17절에서 다시 이 아킵보라는 이름을 만나게 됩니다. "아킵보에게 이르기를 주 안에서 받은 직분을 삼가 이루라고 하라."

어떤 성경학자들은 에바브라가 이 교회의 설립자였지만 아킵보가 골로새 교회의 사실상 목회자였다고 생각합니다. 그렇다면 이 헌신된 가정의 역할은 다른 모든 골로새 교인들에게 얼마나 귀감이 되었을까요?

빌레몬서를 좀 더 읽어 보시면 이 서신이 빌레몬에게 재산상의 손해를 입히고 도망친 오네시모를 다시 용서하고 받아 달라고 바울이 당부하는 내용임을 알 수 있습니다. 전승에 의하면 빌레몬은 바울 사도의 성경적 권면을 잘 따라 오네시모를 용서하고 받아들였으며 그를 신앙 안에서 잘 양육하여 장차 그로 하여금 에베소 교회의 오네시모 감독으로 불리는 1세기 교회의 지도자가 되게 합니다. 이런 모습들을 빌레몬의 집에 드나들며 눈여겨본 골로새 성도들은 "너희가 피차에 용서하라"는 교훈의 실천을 온 몸으로 배울 수 있었을 것입니다. 이렇게 집에 모이는 교회였기에 골로새 성도들은 몸과 몸을 부딪치며 삶의 현장 그 한복판에서 믿음과 사랑, 그리고 소망을 구체적으로 그리고 실천적으로 키워 갈 수 있었던 것입니다. 이것이 바로 우리 교회가 실천하고 있는 목장교회의 보람이요 영광입니다.

우리 교회의 목장목장교회는 무엇보다도 구조적으로 건강해질 수 있는 신앙 환경을 제공합니다. 4-5개의 가정들, 그리고 12명 전후의 믿음의 지체들이 교회의 이름으로 집에서 모임을 갖고 피차에 살아가는 모습을 지켜보며 서로의 믿음을 눈으로 볼 수 있기 때문입니다. 실패할 때 서로 일으켜 세워 주고 성공할 때 함께 축복하면서 우리는 우리 모두의 주님이신 예수께서 우리 각 가정과 각 사람을 빚고 만드시는 것을 경험하는 것입니다.

저는 돌아오는 목장교회 주일을 통해 이번에도 우리 교회 모든 성도들이 이런 목장교회의 아름다운 비-전을, 진정으로 건강한 교회의 비전을 붙잡게 되시기를 축복합니다.

03 **로마** 교회의 레슨

건강한 교회는
'좋은 믿음'과
'좋은 헌신'이
있습니다

이 땅의 모든 성도들이 주일에 한번 모여 예배하는 것으로
신앙생활을 다 한 것 같은 패러다임을
깨트리고 주간에 가정에서 모여
이웃들의 상처를 보듬어 안고 기도하며
아직도 복음을 듣지 못한 이웃들에게로 나아가기를 결단한다면
우리는 다시 한번 복음이 세상을 바꾸는 것을 보게 될 것입니다.
여러분은 이 깨우심의 운동의 한복판에 계신가요?
아직도 방관자신가요?

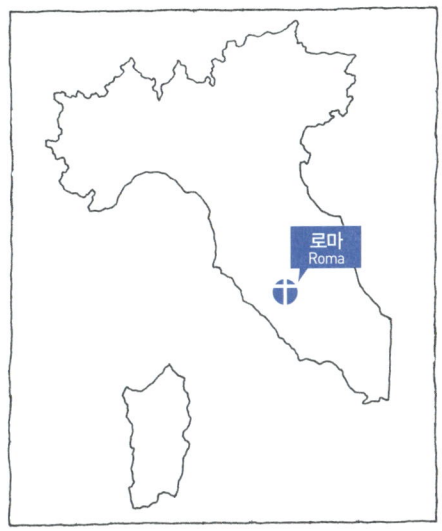

🛈 소아시아 7교회 및 신약성경 7교회

원 지명 로마 Roma   **현재 지명** 로마 Roma

로마는 로마 제국의 수도로서 1천 년 이상 고대와 중세 서양세계의 중심 역할을 하였고 인류 문명사에 끼친 영향은 이루 헤아릴 수 없을 정도로 큰 곳이며, 현재는 교황청이 있어 세계 가톨릭의 중심지기도 합니다. 1세기의 사도 바울은 당시 스페인으로 가는 도중에 이곳 로마 교회를 최초로 방문하고 싶어 하였습니다. 그래서 그는 로마 교회에 편지를 썼는데, 이것이 바로 로마서입니다. 사실 로마 교회가 처음에 어떻게 누구에 의하여 시작되었는지는 아직도 밝혀지지 않고 있습니다. 바울이 로마서를 쓰던 시점에 그는 로마를 방문한 일이 없었으며, 가톨릭의 주장과는 다르게 이 시기 전에 베드로가 로마에 있었다는 증거도 없습니다. 베드로는 사도행전 15장에 의하면 주후 49년경에 개최된 예루살렘 총회 시 로마가 아닌 예루살렘에 있었다고 기록되어 있습니다. 그래서 대부분의 복음주의 학자들은 로마 교회는 사도행전 2장 오순절 사건 때 거기서 은혜받고 로마로 온 유대인들이 세운 교회일 가능성이 가장 많다고 판단합니다.

아마도 인류 문명사에서 가장 큰 영향을 끼친 문명 가운데 로마 제국을 손꼽지 않을 사람은 없을 것입니다. 그러나 '로마는 하루아침에 이루어진 것이 아니다'라고 했던 바로 그 강력하고 거대했던 로마 제국이 어떻게 결국 망해버리고 말았는가는 역사의 미스터리에 속한 물음에 속합니다. 그래서 로마 제국의 멸망의 원인을 분석하는 많은 책이 나왔고, 또 그 책들의 숫자만큼이나 로마 제국의 멸망 원인은 다양하게 분석되고 있습니다. 인력의 부족, 토지 소유의 집중, 비효율적인 경제 제도의 파탄, 상하 계층의 갈등, 육군의 야만화, 지나치게 용병에 의존한 군대, 인간성의 황폐화, 강우량의 변화와 말라리아의 창궐, 심지어 수돗물에 의한 황제들의 중독까지 말입니다.

그러나 아마도 가장 공통적으로 지적되는 원인은 로마 사회 전체에 걸친 도덕성의 타락일 것입니다. 그런데 이런 다양한 원인 가운데 우리가 관심을 가질 만한 흥미로운 지적은 바로 로마 제국의 멸망에 기독교가 일조했다는 것입니다. 저 유명한 에드워드 기본의 중요한 저서 '로마 제국 쇠망사'와 최근에 나와 베스트셀러가 된 시오노 나나미의 '로마인 이야기'에서도 이 점이 지적되고 있습니다. 지나치게 정치화되어 버린 권력의 중심이 된 기독교, 특권을 누리고 사명을 상실한 기독교, 타 종교에 대한 지나친 배타성, 그리스도인 상호간의 권력 다툼, 이웃을 사랑하지 못한 그리스도인의 모습이 증언되고 있습니다.

그러나 그리스도인의 입장에서 우리가 변호를 할 수 있다면, 그러한 부정적인 모습은 기독교가 로마의 국교가 되고 난 후기에 나타난 현상이었다는 사실입니다. 초기 기독교는 아무런 특권 없이 핍박받은 사람들, 권력을 비판하고 권력에 초연했던 사람들, 오히려 믿음 때문에 권력을 포기하던 사람들, 이웃 사랑을 위해 자신을 기꺼이 희생하던 사람들-이들이 초기 로마 그리스도인들의 모습이었습니다.

그래서 그리스도인의 입장에서 로마의 흥망에 관한 좀 더 객관적인 기술을 하자면, 초기 기독교의 거룩한 영향과 함께 로마의 문명은 절정에 도달하고, 기독교의 부패와 함께 로마가 쇠락했다고 하는 것이 정직한 원인 분석일 것이라고 생각합니다. 초기 로마의 기독교가 세상의 소금이었다면, 후기 로마의 기독교는, 마르크스의 비판처럼 민중을 타락시킨 아편이었던 것입니다. 우리의 믿음이 소금 역할을 하느냐, 아편 역할을 하느냐는 전적으로 우리의 선택입니다.

그렇다면 우리가 관심을 가져야 할 로마의 기독교는 세상의 소금이었고, 빛이었던 초기 로마 교회의 모습입니다. 로마서는 초기 로마 교회의 모습을 보여 주는 유일한 자료입니다. 빛나는 영향력을 가졌던 초기 로마 교회- 어떤 교회였을까요? 이것은 건강한 교회를 만들어 가야 할 우리가 반드시 물어야 할 중요한 질문이 아닐 수 없습니다. 이 교회에서 배우는 건강한 교회의 두 가지 특성을 살펴보고자 합니다.

● 믿음에 관한 **좋은 소문이 있었다**

우선 바울 사도는 로마서의 서론인 1장에서 로마 교인들의 믿음에 대하여 자랑스럽게 인정하고 감사를 드리고 있습니다. 사실 로마 교회가 처음에 어떻게 누구에 의하여 시작되었는지는 아직도 밝혀지지 않고 있는 신학적인 숙제입니다. 바울이 이 로마서를 쓰던 시점에 그는 아직 로마를 방문한 일이 없었으며, 가톨릭의 주장과는 다르게 이 시기 전에 베드로가 로마에 있었다는 증거도 존재하지 않습니다. 사도행전 15장에 의하면 베드로는 주후 49년 경에 개최된 예루살렘 총회 시 로마가 아닌 예루살렘에 있었다고 기록되어 있습니다. 그리고 바울이 이 편지를 기록할 때 베드로가 로마 교회의 지도자였다면 왜 바울은 한마디도 베드로를 언급하지 않고 있을까요? 그래서 대부분의 복음주의 학자들은 로마 교회는 사도행전 2장 오순절 사건 때 거기서 은혜 받고(행 2:10) 로마로 온 유대인들이 세운 교회일 가능성이 가장 많다고 판단합니다. 그렇다면 특별한 지도자도 없이 세워진 로마 교회가 바울 사도의 칭찬을 받을 만한 믿음을 가지고 로마 사회에 영향을 끼치고 있었다면 이것은 전적으로 하나님의 은혜가 아닐 수 없습니다. 이제 로마서 1장 7절에서 바울은 로마 교회 성도들에게 의례적인 인사를 드린 후, 8절에서 그들의 믿음을 칭찬하고 있습니다. 읽어 보겠습니다.

"첫째는 내가 예수 그리스도로 말미암아 너희 모든 사람을 인하여 내 하나님께 감사함은 너희 믿음이 온 세상에 전파됨이로다."

여기서 전파되었다는 말은 전도했다는 의미는 아닙니다. 소문이 났다는 말입니다. 대부분의 영어 번역은 그들의 믿음이 당시의 여러 지역에 'Report'(리포트)되었다고 기록합니다. 특별한 지도자의 지도 없이도 그들의 믿음에 대한 소문이 세상에 알려질 만큼, 혹은 사도 바울의 칭찬을 받을 만큼 좋은 믿음의 이미지를 가지고 있었던 것입니다. 그러나 바울은 이들의 믿음이 이미지뿐 아니라 확실한 내용으로 갖추기를 기대했습니다. 그래야 이들이 대 로마 제국에 좋은 믿음의 영향을 끼치게 되지 않겠습니까? 이미지는 중요하지만 이미지가 콘텐츠를 갖지 못할 때 한때의 거품으로 끝날 것입니다. 여기에 바울 사도가 로마서를 기술한 이유의 하나가 있습니다. 참된 복음적 믿음이 무엇인가를 설명하여 로마 교인들이 믿음의 내용을 붙잡게 될 것을 기대한 것입니다.

특별히 로마서 1장에서 8장까지가 바로 우리의 믿음의 콘텐츠를 형성하는 복음을 설명하고 있지 않습니까? 여기서 다루어지는 두 가지 중요한 주제가 죄와 은혜입니다. 먼저 사도는 하나님의 진노를 피할 수 없는 죄인들의 실상(1-3장)을 다룬 다음 오직 하나님의 은혜로 우리가 예수로 말미암아 의롭다 하심을 얻을 수 있다(4-8장)고 기록합니다. 우리의 믿음이 이 하나님의 은혜 안에 확실한 뿌리를 내릴 때 비로소 우리의 믿음은 세상의 희망이 될 수 있는 것을 바울은 알고 있었습니다. 만일 우리의 믿음이 자기 의(하나님의 의가 아닌)에 근거한 것이라면 우리의 믿음은 언제라도 흔들릴 수 있는 것입니다.

유명한 로마의 신학자 성 아우구스티누스(Aurelius Augustinus, 354-430)는 로마 제국이 흔들리고 있을 때, 비록 로마가 망해도 이 하나님의 은혜에 뿌리박은 믿음을 가지고 사람의 도성이 아닌 하나님의 도성을 바라보고 있다면 언제 어디서라도 주의 백성들은 흔들릴 필요가 없다고 믿었습니다. 이래서 탄생한 책이 '하나님의 도성'(De Civitate Dei, '신국론'이라고도 번역됨)입니다. 종교 개혁의 주제도 이와 동일하지 않았습니까? 험난한 시대에 개혁자들이 붙들었던 것이 무엇이었습니까? 세 가지였습니다. 바로 '오직 성경(Sola Scriptura), 오직 은혜(Sola Gratia), 오직 믿음(Sola Fide)'이었습니다. 우리 교회도 변함없이 이 믿음 위에 세워져 가기를 기도해야 할 것입니다.

● 복음을 위해 사랑의 수고를 나누었다

로마 교회에서 배우는 건강한 교회의 모습 두 번째는 복음을 위해 진정으로 사랑의 수고를 서로 나누는 교회입니다. 이것은 특히 로마서 마지막 장에서 바울 사도가 로마 교회의 여러 성도들에게 문안하는 대목에서 엿볼 수 있습니다. 마지막 16장으로 가 보십시오. 바울은 그의 어떤 서신보다도 이 장에서 '사랑하는'이라는 표현을 반복하고 있습니다. 5절에 보면 "나의 사랑하는 에배네도"라고 말합니다. 8절에도 "주 안에서 내 사랑하는 암블리아"라고 말합니다. 9절에도 "나의 사랑하는 스다구"라고 기록합니다. 12절에도 "주 안에서 많이 수고하고 사랑하는 버시"라고 말합니다.

이토록 사랑이라는 단어를 거듭 되풀이할 정도로 로마 교회는 이미 사도 바울을 감격시키는 사랑의 헌신이 넘쳐나고 있었던 것입니다. 이 사랑의 수고를 바친 대표적인 한 교우 부부에 대하여 바울은 특별한 애정을 가지고 그들의 사랑의 헌신을 기록하고 있습니다. 그들이 바로 브리스가와 아굴라 부부입니다.

바울은 본문 3절에서 우선 이들을 "나의 동역자"라고 말합니다. 그리고 다음 4절에서 어떻게 이들의 사랑의 헌신을 묘사합니까? "그들은 내 목숨을 위하여 자기의 목이라도 내어 놓았나니." 성경학자들은 이들 부부가 바울이 어떤 결정적인 위기에 처했을 때 사도를 구하는 일을 했거나 아니면 바울의 선교 사역을 몸 바쳐 도운 배경에서 이런 표현이 나온 것이라고 추측합니다.

이들 부부의 인생의 발걸음을 좀 더 추적해 보기로 하겠습니다. 아내인 브리스가(Prisca, 또는 브리스길라(Priscilla))라는 이름은 본래 로마식이었기에 그녀는 로마인 여성으로 유대인 천막업자로 로마에 와서 거하던 아굴라와 국제 결혼을 한 것으로 추정됩니다. 그런데 로마의 클라우디우스 1세(Claudius 1, 주전 10- 주후 54) 황제 시절 유대인 추방 명령이 내리자 그리스 코린트(성서상의 고린도)로 이주해 와 살다가 거기서 제 2차 전도 여행중인 바울을 만나게 됩니다(행: 18장). 아마도 아굴라가 바울과 같이 천막을 짜는 동종의 직업을 가지고 있어 접근이 쉬웠을 것으로 생각됩니다. 이 만남으로 아굴라 부부는 바울의 제자요 동역자가 되어 함께 복음 전도에 헌신하게 됩니다. 그 후 바울이 에베소로 옮겨 가자 이들 부부는 다시 에베소로 이주하여 바울과 함께 복음을 전합니다.

여러분 이사 많이 해 보셨지요? 그런데 복음 때문에 이사해 보신 일이 있으십니까? 저는 자녀들의 하교 때문에 이사 가는 분들은 많이 보았습니다. 남편의 직장 때문에 이사 가는 분도 많이 보았습니다. 아파트 당첨이 되어 이사 가는 분들도 많이 보았습니다. 그런데 교회 때문에, 신앙 때문에 아니 전도 때문에 이사해 보셨습니까? 요즈음은 신앙 때문에 이사 가는 것이 아니라 돈 때문에 이사가고, 교회도 오히려 쉽게 떠나지 않나요? 브리스가와 아굴라 부부는 바울 사도를 도와 선교할 목적으로 적어도 두 번이나, 그것도 나라를 바꾸면서 이사를 다닌 것입니다. 그리고 이 과정에서 더욱 놀라운 헌신은 그들의 집을 교회로 오픈했다는 사실입니다. 고린도 교회도 브리스가와 아굴라 부부의 집에서 모임을 가졌고 에베소 교회도 한때 이들의 집에서 모임을 가졌던 것으로 증거되고 있습니다. 그 후 로마에서 유대인들에 대한 박해가 그치자 이들 부부는 고향과도 같았던(아굴라의 본래 고향은 소아시아 폰투스(성서상의 본도)) 로마로 다시 돌아가게 됩니다. 그러나 그들은 그냥 고향이 그리워서 로마로 간 것이 아닙니다. 이번엔 자신들의 고향과도 같았던 로마, 그리고 당시 유럽의 중심 도시인 로마를 복음화할 선교 목적으로 돌아간 것입니다. 이를 어떻게 알 수 있을까요?

다시 본문 5절을 보십시오. 5절이 어떤 말씀으로 시작합니까? "또 저의 교회에도 문안하라." 이들이 로마로 가서 제일 먼저 한 일이 자신의 집을 오픈하여 로마 교인들이 모이게 한 것입니다. 물론 로마 교회가 브리스가와 아굴라의 집에서만 모인 것으로 보이지는 않습니다. 14절에 보면 "함께 있는 형제들"이란 표현이 등장하는 것으로 보아 가정 교회, 우리 교회 식으로 말하면 목장교회 양식으로 여러 집에서 흩어져 모인 것으로 보입니다.

여러분, 이 목장교회들이 바로 로마를 복음화한 선교의 주체였던 것입니다. 로마를 바꾼 것은 오늘날의 베드로 대성당(바티칸)이 아니라, 우리들의 가정에서 모여 삶을 나누고 기도하고 이웃들에게 복음을 전하던 그 사랑의 공동체였던 것입니다. 그리고 이런 사랑의 공동체의 핵심에는 브리스가와 아굴라 같이 자기 개인의 사생활을 희생하며 집을 교회로 열었던 목자들의 헌신이 있었던 것입니다.

저는 지금이라도 이 땅의 모든 성도들이 주일에 한 번 모여 예배하는 것으로 신앙생활을 다한 것 같은 패러다임을 깨트리고 주간에 가정에서 모여 집을 열어 이웃들의 상처를 보듬어 안고 기도하며 아직도 복음을 듣지 못한 이웃들에게로 나아가기를 결단한다면 초기 로마 시대처럼 우리는 다시 한번 복음이 세상을 바꾸는 것을 보게 될 것입니다. 오늘날 다행이 셀교회 운동이 전 세계 교회를 다시 흔들어 깨우고 있습니다. 여러분은 이 깨우심의 운동의 한 복판에 계신가요? 아직도 방관자신가요?

브리스가와 아굴라가 활동할 무렵 아굴라의 본래 고향인 소아시아 폰투스(Pontus, 현재 터키 아마시아, 성서상의 이름은 본도)에서 태어나 로마 황제에 의해 후일 비티니아(성서상의 이름은 비두니아) 총독으로 임명된 소(小) 플리니우스(Plinius the Younger, 61?-113?)라는 사람이 있었습니다. 그는 자기가 통치하는 지역의 사정을 편지로 로마의 트라야누스 황제에게 써 보낸 편지가 지금까지 남아 있는데(플리니우스의 편지), 그는 이 편지에서 당시 그리스도인들의 삶의 모습을 알 수 있는 기록을 전하고 있습니다.

"내게는 그들의 신앙이 해가 없는 미신(innocent superstition)으로 보입니다. 그들은 새벽에도 모여 시를 교독하며 찬송을 하며 그리스도를 시처럼 경배합니다. 때로 그들은 이웃에게 악을 행하지 않고 선하게 살기로 약속합니다. … 때로는 저녁에도 그들 신도의 집에서 모여 포도주와 떡을 먹고 (성찬식) 사랑을 약속합니다. 그들은 그리스도를 위해 그리고 서로를 위해 죽기로 약속합니다. 그리고 그들은 사랑을 위해 죽는 것을 두려워 하지 않는 무리들입니다."

바로 이 사랑이 로마를 정복한 힘이었던 것입니다.

그의 편지에는 그리스도인들의 심문 장면까지 기록되어 있습니다.

"내가 너희들을 신을 경배하기 어려운 먼 곳으로 유배를 보내 버리겠다"고 하자 그들의 한 지도자가 이렇게 대답했습니다.

"그럴 수 없으실 것입니다. 왜냐하면 온 세상이 우리 아버지의 집이기 때문입니다." 내가 다시 "그러면 널 죽이겠다"고 하자, 그는 "내 생명은 그리스도 안에 있습니다"고 대답했습니다. "내가 너의 모든 소유를 빼앗겠다"고 하자, 그는 다시 "내 모든 소유는 천국에 있습니다"하고 대답하였습니다. "다른 어떤 사람도 만나지 못하게 하겠다"고 하자 그는 "그래도 저희를 그리스도의 사랑에서 끊으실 수는 없습니다"고 대답했습니다.

바로 이런 믿음, 그리고 이런 사랑으로 초기 그리스도인들은 로마를 정복하고 변화시켰던 것입니다. 동일한 믿음이, 동일한 사랑이 우리에게도 필요하지 않습니까? 그러면 이런 믿음과 사랑을 만드는 집에서 모이는 교회로 가십시오.

04 고린도 교회의 레슨

건강한 교회는
사랑을 실천하는
성숙함이
있습니다

사랑은 추상명사가 아닙니다. 사랑은 동사입니다.
사랑은 구체적인 실천의 장을 가질 때
비로소 꽃을 피우고 열매를 맺는 것입니다.
그래서 우리는 12명 미만의 사람이 작은 교회로 모여 서로를 돌보고
그리고 구체적인 선교와 이웃 사랑의 실천으로 이루의
이웃들에게 다가가고자 하는 것입니다.

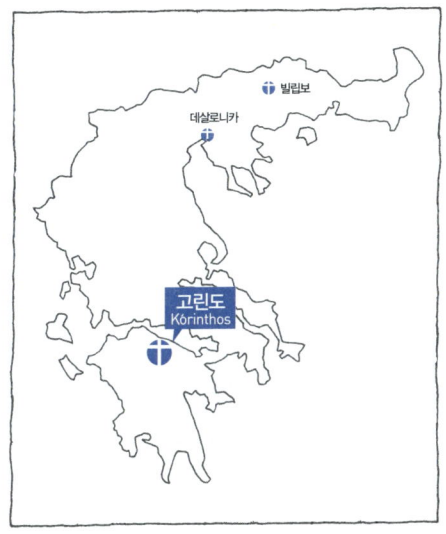

🏛 소아시아 7교회 및 신약성경 7교회

원 지명 코린트 Kórinthos, 그리스어로는 Kórinthos **현재 지명** 코린트 Kórinthos

고대 그리스 펠로폰네소스 반도 북동쪽 끝에 있었던 도리아인(도리스인)의 도시 국가입니다. 고대 시대부터 각 세력의 각축장이 되어 왔던 곳이며, 주전 27년 로마의 속주 아카이아의 수도가 되었습니다. 1세기에는 사도 바울과 로마 황제 네로가 방문하였습니다. 오늘날의 코린트 시는 고대 코린토스가 지진으로 크게 파괴되었던 1858년에, 원래 위치보다 북동쪽으로 약 5.6km 떨어진 코린트 만 연안에 새로 건설한 도시입니다.

우리가 사모하는 건강한 교회

'정반합(正反合)'이란 말이 있습니다. 본래 이 말은 철학 용어로서 사전적인 정의에 의하면 하나의 주장(정, 테제)과 그 반대되는 주장(반, 안티테제)과의 갈등을 통해 새로운 합이 창출된다는 것입니다. 본래 철학자 헤겔의 변증법을 도식화한 것으로 헤겔 본인에 의해서는 사용된 적이 없지만 헤겔 이후 그의 논리학을 해설하는 과정에서 붙여진 용어로 알려져 있습니다. 그러나 이 용어는 사회 발전을 해석하는 매우 보편적인 패러다임으로 사용되어 왔습니다. 저는 오늘의 한국 사회의 갈등도 이런 틀로 어느 정도 설명이 가능하다고 믿고 있습니다. 한동안 우익 이데올로기 일변도였던 우리 사회가 최근에는 때늦게 제기된 좌익 이데올로기로 갈등하면서 이제 새로운 합을 찾기 위한 교차로에 서 있는 것이 아닌가 생각됩니다.

그런데 오늘 우리는 같은 패러다임을 우리의 신앙 발전 과정에도 적용해 볼 수가 있습니다. 우리의 신앙이 지나치게 이성적으로 발전하면 우리의 감성 영역이 빈곤하게 됩니다. 그래서 그 반작용으로 우리의 감성 영역이 빈곤하게 됩니다. 그래서 그 반작용으로 우리는 매우 극단적인 신비 신앙에 몰두하게 됩니다. 반대로 우리의 신앙이 지나치게 감정적으로만 발전하면 이성적인 판단이 결여되어 매우 비이성적인 신앙의 모습으로 기울어질 수가 있습니다. 그러나 이런 두 가지 대립적인 신앙의 형성 과정을 통해서 우리는 이성과 감성을 통합하는 보다 인격적인 신앙의 합일을 이루어야 하는 과제를 안게 됩니다.

초대교회 가운데 이런 두 가지 양 극단적 신앙으로 갈등하던 교회가 고린도 교회였습니다. 세속주의가 고린도 도시의 삶의 스타일이었다면 이 도시에서 기독교 신앙을 수용한 고린도 교회의 신앙 스타일은 신비주의였다고 할 수 있습니다. 따라서 고린도 교회의 신앙인들은 누구나 세속주의와 신비주의라는 두 가지 극단적 삶의 스타일 사이에서 갈등할 수밖에 없었던 것입니다.

바울 사도 당시 "고린도인처럼 산다"는 말은 도덕적인 기준을 포기한 채 매우 세속적인 죄에 몰두하는 삶을 산다는 의미였습니다. 무역항을 끼고 발전하던 상업 도시라는 환경의 영향으로 고린도 시민들은 황금과 오락에 빠져 죄의 안락한 심연으로 빠져들고 있었습니다.

바울 사도는 주후 50년경 그의 제 2차 전도 여행 중 이 도시에 도착하여 복음을 전합니다. 유대인 회당과 유스도라는 사람의 집을 중심으로 전도하던 그의 선교의 결실로 드디어 고린도 교회가 탄생합니다. 고린도(K´orinthos,코린트)는 현재도 그 이름 그대로 그리스에 있으며, 신약 시대에는 로마 제국의 속주였던 아카이아의 행정 수도로서 번영을 누렸던 곳입니다.

그런데 바울이 다음 선교지 에베소로 떠난 후, 고린도 도시에서 그리스도에 대한 믿음을 받아들인 교인들 가운데 교회 안에 들어온 사람도 있었지만 여전히 세속성을 극복하지 못하고 부도덕에 빠져들어 죄에 빠지는가 하면 더러는 황홀한 감정에 몰두하는 신비주의적인 신앙을 형성해 간 사람들도 있었습니다. 바울 사도는 이런 신앙의 양 극단을 벗어나 건강한 신앙을 형성하도록 권면할 필요를 느껴 붓을 듭니다. 이것이 바로 고린도서입니다.

그러면 우리가 고린도 교회에서 배워야 할 건강한 교회의 모습을 무엇일까요?

● 그곳에는 성령의 **역동이 있었다**

고린도 교회는 성령의 은사를 사모했습니다. 그것은 잘한 일이고 당연히 그래야만 했습니다. 우리가 성령의 역사로 거듭난 그리스도인들이라면 성령의 깊은 은혜 가운데로 나아가고 싶은 영적 욕구가 없을 수 없습니다. 그것은 거듭난 성도들의 지극히 자연스런 욕구라고 믿습니다. 바울 사도는 이런 욕구를 가지고 성령의 은혜를 사모하고 있던 고린도의 성도들에게 고린도 전서 12장에서 14장까지, 무려 3장에 걸쳐 성령의 은사 문제를 다루고 있습니다. 이 대목에서의 바울의 권면은 대체로 약 세 가지로 요약됩니다. 첫째는 영적인 일에 대하여 무지한 성도가 되지 말라는 것이고, 둘째는 신령한 은사들을 사모하라는 것이며, 셋째는 그러나 성령의 은사를 사모하는 사람들일수록 교회 안에서 덕과 질서를 세우는 성도가 되어야 한다는 것입니다.

첫째 권면은 신령한 일에 대하여 무지하지 말라는 것입니다. 고린도전서 12장 1절의 말씀이 어떻게 시작되고 있습니까? "형제들아 신령한 것에 대하여는 내가 너희의 알지 못하기를 원치 아니하노니"라고 말합니다. 3절에서 바울은 우리가 예수를 주로 믿고 고백하게 된 것 자체가 성령의 역사였다고 말합니다 "성령으로 아니하고는 누구든지 예수를 주시라 할 수 없느니라."

이렇게 성령으로 예수를 만난 우리가 성령에 관심을 갖고 성령의 은사를 알고 싶어 하는 것은 당연한 일이며 바울은 그래서 둘째 권면으로 그들에게 성령의 은사를 사모하라고 가르칩니다. 바울 사도는 성령의 다양한 은사들을 열거한 다음 본문 고린도전서 12장 31절에서 "너희는 더욱 큰 은사를 사모하라"고 가르칩니다. 14장 1절에서도 "사랑을 따라 구하라. 신령한 것을 사모하되 특별히 예언을 하려고 하라"고 권면합니다. 그러나 이어서 셋째 권면으로 성령의 은사를 사모하는 사람일수록 교회의 덕과 질서를 세워야 한다고 가르칩니다.

나는 우리 교회 성도들이 성령에 대하여 목마르지 않기를 기대합니다. 나는 우리 교회 성도들이 우리 교회 안에서도 성령의 생수를 깊이 마시고 춤추고 기뻐하는 모습을 보고 싶어 합니다. 그러나 여기에는 한 가지 중요한 우리 공동체의 윤리적 약속이 필요하다고 느낍니다. 그것은 우리의 모든 은사 추구를 철저하게 교회의 덕과 질서를 위해 이루어져야 한다는 것입니다. 바울 시대나 지금이나 마찬가지로, 성령 사역을 오픈하다 보면 교회 내에서 영적 지도를 받으면 건강하게 은사를 추구하기보다 다른 교인들을 데리고 무분별하게 여기저기 은사 집회를 돌아다니며 가정을 등한시 하고 자기가 속한 교회를 세우지 못하는 철없는 성도들이 생겨나는 것입니다. 바울은 이런 사람들에게 고린도전서 14장 전체를 통하여 두 단어를 반복합니다. 덕을 세우고 질서를 따르라는 것입니다. 그래야 성령 운동이 비윤리적 운동으로 오해 받지 않고 건강한 교회를 세우는 건강 운동이 될 수 있기 때문입니다. 그럼에도 불구하고 우리가 꿈꾸는 교회- 그것은 성령의 역동이 있는 교회입니다.

● 미성숙함을 버리고 **날마다 성장하였다**

고린도 교회에서 배우는 건강한 교회의 두 번째 레슨은 무엇보다 우리 교회가 성숙한 교회가 되어 가야 한다는 것입니다.

이미 말씀드린 것처럼 고린도 교회는 성령의 은사들을 추구하는 남다른 열정을 가진 교회였지만 그럼에도 불구하고 바울 사도는 고린도 교회가 영적으로 미성숙한 교회, 따라서 더 자라가야 할 교회라고 진단합니다. 우리가 영적으로 성숙했다는 가장 분명한 표지는 남을 배려하고 공동체를 세울 줄 아는 것입니다. 그런데 고린도 교회에는 이런 것들이 결여되었습니다. 조금 은사를 경험하고 받았다고 해서 안하무인처럼 행동하는 성도들이 생겨난 것입니다. 특별히 방언의 은사를 체험한 동료들에게서 그런 모습이 보인 것입니다. 바울이 이들에게 무엇이라고 말합니까? 14장 19절의 말씀을 보십시오.

> "그러나 교회에서 네가 남을 가르치기 위해서 깨달은 마음으로 다섯 마디 말을 하는 것이 일만 마디 방언으로 말하는 것보다 나으니라."

이 말은 결코 방언을 무시하는 말이 아닙니다. 사도 바울은 39절에서 "방언 말하기를 금하지 말라"고 분명하게 말합니다. 그러나 그럼에도 불구하고 방언은 은사 중의 하나일 뿐이지 방언을 하는 것이 결코 영적 우월감의 표지가 될 수 없다는 것입니까? 고린도전서 12장 30절에서 사도를 어떻게 말합니까?

> "다 병 고치는 은사를 가진 자겠느냐, 다 방언을 말하는 자겠느냐. 다 통역하는 자겠느냐. 다 통역하는 자겠느냐."

우리는 서로의 은사가 다름을 이해하고 존중하고 서로를 정중하게 배려하고 사역할 줄 알아야 합니다. 그것이 바로 영적 성숙입니다.

바울은 고린도 교회가 성령을 사모하고 은사를 사모하는 교회면서도 영적으로 그리고 도덕적으로 상당한 혼란을 겪었던 가장 중요한 원인이 진정한 의미에서 영적으로 자라나지 못한 성도들이 많기 때문이라고 보았습니다. 바울은 이들을 가리켜 육신에 속한 자들이요 영적 어린 아이들이라고 말합니다(고전 3장). 영적 아이들의 가장 현저한 삶의 특성이 무엇입니까? 아이들이 모여서 서로 어울릴 때 제일 많이 하는 일이 무엇일까요? 맞습니다. 서로 싸우는 일입니다. 바울 사도는 영적 성숙이 지체된 성도들의 모임에서 제일 두드러지게 관찰되는 현상이 바로 시기와 질투라고 지적합니다. 그것은 누구를 지도자로 따를 것인가? 혹은 누구의 은사가 더 우월한가 따위의 이슈들이었습니다.

자, 고린도전서 3장 1절을 보실까요?

"형제들아, 내가 신령한 자들을 대함과 같이 너희에게 말할 수 없어서 육신에 속한 자 곧 그리스도 안에서 어린아이들을 대함과 같이 하노라."

이어 3절에서는 이런 아이 됨 혹은 육신성의 특성을 어떻게 지적합니까?

"너희는 아직도 육신에 속한 자로다. 너희 가운데 시기와 분쟁이 있으니 어찌 육신에 속하여 사람을 따라 행함이 아니리요."

그래서 우리는 자라 가야 합니다. 문제는 어떻게 자라 갈 수 있겠습니까? 무엇을 하는 것이 자라 가는 것입니까?

● 모든 일을 **사랑으로 행하였다**

고린도전서 12장을 가리켜 우리는 흔히 은사장이라고 부릅니다. 이 은사장이 어떤 교훈으로 마무리되고 있습니까? 31절을 보십시오.

"너희는 더욱 큰 은사를 사모하라 내가 또한 제일 좋은 길을 너희에게 보이리라."

고린도전서 12-14장에 이르는 영적 은사의 교훈에서 바울 사도가 여러 구절을 통해 가장 많이 다룬 은사는 방언의 은사였습니다. 아마도 고린도 교회 내에서 고린도 성도들이 가장 귀하게 여겼던 은사가 방언의 은사였던 것으로 보입니다. 또한 그만큼 방언의 은사를 둘러싸고 성도들 사이에 논란이 일어났던 것 같습니다. 그런데 이제 바울은 방언에만 집착하지 말고 더욱 큰 은사들을 사모하라고 가르치는 것입니다. 그리고 이어서 은사 문제에서 무엇보다 관심을 가지고 추구해야 할 가장 좋은 길을 추구하라고 촉구합니다. 이 제일 좋은 길이 무엇이겠습니까? 12장 다음이 어디로 연결되는가를 주목하면 됩니다. 13장-사랑장이지요. 그렇습니다. 사랑은 가장 좋은 길, 가장 귀한 은사요 우리 모두가 그 무엇보다 먼저 추구할 것입니다. 고전 13장에 이어 연결되는 14장 1절이 무슨 말씀입니까? "사랑을 따라 구하라"입니다.

아마도 고린도 교회는 디도 유스도라는 사람의 집에서 시작된 것으로 보입니다. 사도행전 18장 7절에서 8절을 보십시오.

"거기서 옮겨 하나님을 경외하는 디도 유스도라 하는 사람의 집에 들어가니 그 집이 회당 옆이라. 또 회당장 그리스보가 온 집으로 더불어 주를 믿으며 수다한 고린도 사람도 듣고 믿어 세례(침례)를 받더라."

바울이 고린도에 도착하여 유대인 회당을 찾아 복음을 전했을 때 복음에 관심을 보이는 사람들이 생겨나자 회당 바로 옆에 있던 디도 유스도의 집에 초청하여 거기서 회당장과 여러 사람들이 마침내 예수를 믿음으로써 고린도 교회가 태어난 것입니다. 유스도에 집에 모여 서로 몸을 부딪치며 복음을 이야기하고 함께 찬양하던 바로 그곳이 고린도 교회 탄생의 요람이었던 것입니다. 그러나 모든 기독교 공동체가 그런 것처럼 회심자의 숫자가 많아지고 집에서 모이던 교회의 분위기를 상실하면서 고린도 교회는 급속히 사랑을 잃고 논쟁하는 교회로 분위기가 변질되었던 것입니다. 그래서 바울은 그들에게 그 사랑의 요람으로 돌아가 사랑을 회복해야 한다고 가르칩니다.

이것이 우리 교회가 주일 모임뿐 아니라 목장교회를 강조하는 이유입니다. 사랑은 추상명사가 아닙니다. 사랑은 동사입니다. 사랑은 구체적인 사랑의 실천의 장을 가질 때 비로소 꽃을 피우고 열매를 맺는 것입니다. 그래서 우리는 12명 미만의 사람이 작은 교회로 모여 서로를 돌보고 그리고 구체적인 선교와 이웃 사랑의 실천으로 우리의 이웃들에게 다가가고자 하는 것입니다. 사랑하는 일-사랑을 실천하는 일- 그것은 방언보다 더 귀하고, 예언보다 더 귀한 것입니다. 왜냐하면 주님은 사랑을 위해 죽으셨고, 부활하신 주님은 이 사랑을 나눔을 위하여 우리로 공동체로 살라고 우리를 한 몸인 교회의 지체가 되게 하셨기 때문입니다.

지체의 삶의 모습이 무엇입니까? 고린도전서 12장 26절을 보십시오.

"만일 한 지체가 고통을 받으면 모든 지체도 함께 고통을 받고 한 지체가 영광을 얻으면 모든 지체가 함께 즐거워하나니."

이것이 바로 교회이고 이렇게 사는 것이 성도의 삶의 본질입니다. 성 아우구스티누스의 말은 얼마나 진리입니까?

"본질적인 것에 일치를, 비본질적인 것에는 관용을, 그리고 모든 것에 사랑을!"

바울 사도의 고린도 교회에 대한 결론적 교훈이 무엇인지 아십니까? 고린도전서 16장 14절입니다.

"너희 모든 일을 사랑으로 행하라."

선교사 데이비드 리빙스턴의 전기를 쓴 작가가 아프리카를 여행하며 그가 사역했던 곳들에서 사람들을 만나 그가 거기서 무슨 설교를 했는지 그가 어떤 일을 했는지를 물었습니다. 그런데 이 작가가 가장 많이 들었던 대답은 하나였습니다.
"우리는 그가 무슨 설교를 했는지, 그가 어떤 일을 했는지 잘 기억나지 않습니다. 다만 한 가지 분명한 것은 그는 예수님이 하신 것처럼 그렇게 우리를 사랑했습니다."
이것이 우리의 모습, 우리 교회의 모습이 될 수 없을까요?

05 갈라디아 교회의 레슨

건강한 교회는 성령을 좇아 행합니다

"자기의 육체를 위하여 심는 자는 육체로부터 썩어진 것을 거두고
성령을 위하여 심는 자는 성령으로부터 영생을 거두리라."
여러분과 저는 어떻습니까? 육체를 위해 심고 계신가요?
아니면 성령을 위하여 심고 계신가요?
육체의 열매를 사모하십니까?
성령의 열매를 사모하십니까?

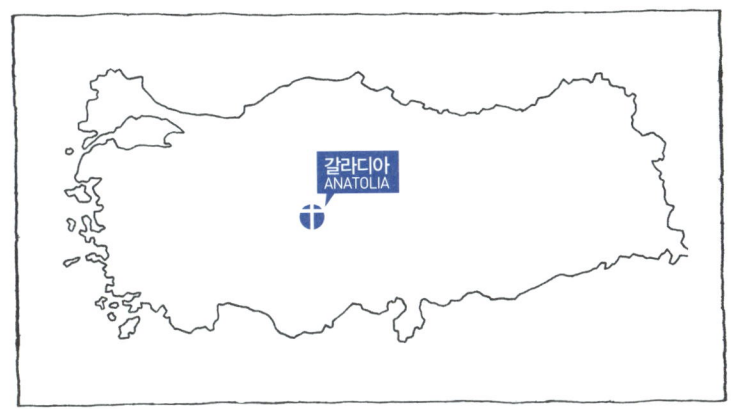

👉 소아시아 7교회 및 신약성경 7교회

원 지명 갈라디아 Galatia　　**현재 지명** 갈라디아 Galatia

안디옥(현재 터키의 안타키아(Antakya),이고니온(Lconium, 현재 터키의 코니아(Konya)), 리스트라(Lystra, 성서상의 이름은 루스드라, 현재 터키 카라만 인근의 일리스트라 마을로 추정됨), 더르베(Derbe, 성서상의 이름은 더베, 현재 터키 카라만 인근의 케르티회육 마을로 추정됨) 지역 등을 방문하는데 이 지역들을 통칭한 지명입니다.

우리가 사모하는 건강한 교회

한 잡지에서 건설회사 CEO에 대한 글을 인상 깊게 읽은 적이 있습니다. 우리나라 대부분의 CEO들이 골프를 건강의 방편이나 비즈니스 교제의 장으로 활용하는 시대에 이 기사의 주인공은 골프 대신 매일 아침 산행을 선택했다고 합니다. 그런데 그가 산행을 선택한 이유가 흥미로웠습니다. 그것은 그가 경영인으로서 초심을 지키기 위해서라고 합니다. 그는 산이야말로 있는 그대로의 자신을 보여주는 거울이라고 고백합니다. 산행의 기본은 자기가 출발했던 자리를 확인하는 것이며 그곳이 그가 돌아와야 할 자리임을 잊지 않는 것이라고 말합니다. 그리고 산행의 귀로에서 그는 늘 자신이 출발했던 자리에서 어떻게 얼마나 길을 벗어나 살아 왔는가를 자성한다고 합니다.

불가에서는 부처님의 가르침에 처음으로 귀의한 사람을 '초발심자(初發心者)'라고 부르고 이들이 처음 읽는 일종의 불교 입문서를 가리켜 '초발심자경문(初發心自警文)'이라 일컫습니다. '초심자들이 자신을 일깨우기 위해 경계하는 글'이라는 뜻이 될 것입니다. 그런데 이 책은 초심자를 위한 글이면서도 심지어 오랫동안 수행을 한 승려들에게도 늘 다시 읽혀야 할 책으로 추천된다고 합니다. 왜 그럴까요? 초심을 잃지 않도록 하기 위해서라고 합니다.

바울 사도가 갈라디아 교회를 향해 갈라디아서라는 서신을 쓴 이유도 바로 갈라디아 성도들로 하여금 초심을 잃지 않고 살도록 하자는 것이었습니다.

바울 사도는 그의 첫 번째 전도 여행(주후 45년경)에서 피시디아 안티오크(Pisidia Antioch, 성서상의 이름은 비시디아 안디옥, 현재 터키의 안타키아(Antakya)), 이고니온(Lconium, 현재 터키의 코니아(Konya)), 리스트라(Lystra, 성서상의 이름은 루스드라, 현재 터키 카라만 인근의 일리스트라 마을로 추정됨), 더르베(Derbe, 성서상의 이름은 더베, 편재 터키 카라만 인근의 케르티회육 마을로 추정됨) 지역 등을 방문하는데 이 지역들을 통칭하여 갈라티아(Galatia, 성서상의 이름은 갈라디아) 주(남부 갈라티아)라고 부릅니다. 아마도 이 갈라디아서는 바울의 첫 번째 전도 여행 직후에 기록된 것으로 보입니다. 주후 49년경이었을 것으로 추정됩니다.

갈라디아 1장 2절에 보면, 갈라디아서는 한 교회가 아닌 당시 남부 갈라티아 지방에 위치한 여러 개척 교회들을 대상으로 기록한 편지였음을 알 수 있습니다.

"함께 있는 모든 형제로 더불어 갈라디아 여러 교회들에게"라고 기록하고 있지 않습니까? 바울 사도는 갈라디아 교회들을 개척하고 이 지역을 떠난 지 3, 4년이 지난 시점에서 처음 복음을 받아들였던 갈라디아의 여러 교회들과 성도들이 초심을 잃고 갈등하고 있다는 소식을 접하고 편지를 쓰게 됩니다. 이것이 바로 갈라디아서입니다. 이제 이 갈라디아서를 통해 우리가 배우는 건강한 교회의 교훈을 살피고자 합니다.

● 율법이 아닌 **은혜의 복음을 지켰다**

바울 사도는 이 편지의 서론인 본문에서 갈라디아 교회의 어떤 성도들이 은혜의 복음을 지키지 못하고 있음을 개탄하고 있습니다. 1장 6절을 읽어 보십시오. "그리스도의 은혜로 너희를 부르신 이를 이같이 속히 떠나 다른 복음 좇는 것을 내가 이상하게 여기노라."

학자들은 바울이 갈라디아를 떠난 후 유대인들 가운데 소위 율법주의자들이 갈라디아 교회에 들어와 갈라디아를 갈라지게 하고 있었다고 지적합니다. 율법은 하나님의 선물이며 성도들의 삶의 표준으로 지켜져야 할 것들이었습니다. 그럼에도 불구하고 우리는 율법만 지킨다고 구원받을 수는 없습니다. 그러나 율법주의자는 예수를 믿는 것만으로 충분치 않다고 가르쳤습니다. 이 서신이 기록되던 당시 그들은 예수 믿는 것 외에도, 구원을 받고 하나님의 참 백성이 되고자 한다면 할례와 같은 의식을 지켜야 한다고 주장하고 있었던 것입니다. 그러나 만약 이런 의식 지킴이나 어떤 특별한 종교적 행위로 우리의 구원이 이루어지는 것이라면 그것은 십자가에서의 예수님의 죽으심을 헛되이 하는 것이라고 바울 사도는 가르칩니다.

갈라디아서 2장 21절의 사도의 고백을 들어 보십시오.

> "내가 하나님의 은혜를 폐하지 아니하노니 만일 의롭게 되는 것이 율법으로 말미암으면 그리스도께서 헛되이 죽으셨느니라."

그래서 바울은 구원의 조건으로 예수를 믿는 믿음 외에 무엇인가를 더해서 강조하든가 가르친다면 그것은 복음이 아니라 다른 복음이라고 경고합니다. 1장 7-8절을 다시 보십시오.

"다른 복음은 없나니 다만 어떤 사람들이 너희를 요란케 하여 그리스도의 복음을 변하려 함이라. 그러나 우리나 혹 하늘로부터 온 천사라도 우리가 너희에게 전한 복음 외에 다른 복음을 전하면 저주를 받을지어다."

우리가 받은 복음이 은혜의 복음이라고 주장하는 이유가 무엇입니까? 은혜는 '받을 자격이 없는 이들에게 베풀어지는 조건 없는 사랑'입니다. 우리는 이런 하나님의 사랑으로 구원을 받지 않았습니까? 그런데 율법주의자들은 종교적 의식과 인간적 행위를 담보로 이런 하나님의 사랑을 조건부 사랑으로 만들고 있었던 것입니다. 당신의 친구가 당신을 구하기 위해 조건 없이 죽었는데 누군가가 찾아와서 "그럴 리가 없어. 그가 당신에게 받아 낼 것이 있어서 죽은 거야" 하고 말한다면 그것은 친구의 순수한 사랑에 대한 모독이 아니겠습니까? 율법주의자들이 갈라디아 교회 안에서 가르친 것이 그런 가르침이었던 것입니다. 그래서 바울이 단호하게 그것은 다른 복음이며 이런 다른 복음을 전하는 자는 하나님께 저주를 받을 것이라고 엄중하게 경고하고 있는 것입니다.

오늘날은 어떻습니까? 우리 교회는 순수한 복음을 가르치고 선포하는 교회입니까? 문제는 이런 오리지널 은혜의 복음이 변질되지 않고 10년 후에도 20년 후에도 변함없이 선포되고 가르쳐지는 일입니다. 나는 우리 교회가 역사가 흘러도 세월이 흘러도 이 은혜의 복음이 변질되지 않고 지속적으로 선포되고 가르쳐지기를 기대합니다. 아니 우리들의 작은 교회 목장교회 내에서도 이 순전한 은혜의 복음이 변함없이 우리를 붙드는 교회가 되기만을 기대합니다.

● 성령을 좇아 행하였다

우리가 우리 자신의 행위(비록 그것이 종교적 행위라 할지라도)와 상관없이 은혜로 구원 받은 것을 선포할 때 제일 염려가 되는 것은, 그러면 이제 우리의 행위는 아무래도 좋은 것인가라는 것입니다. 아니 더 큰 은혜를 느끼기 위해서 죄를 좀 더 지어도 좋지 않은가라는 질문조차도 가능할 수 있습니다. 사실 훗날 바울 사도는 로마서에서 이 문제를 집중적으로 다루게 됩니다. 로마서 6장 1절에서 2절 말씀이 바로 그 해답입니다. "그런즉 우리가 무슨 말하리요. 은혜를 더하게 하려고 죄에 거하겠느뇨. 그럴 수 없느니라. 죄에 대하여 죽은 우리가 어찌 그 가운데 더 살리요"라는 것입니다.

그러면 우리는 죄에 대하여 죽었다는 것을 기억하기만 하면 새로운 삶이 가능할까요? 바울 사도는 갈라디아서에서 믿음으로 구원 받은 사람들의 삶을 지배하는 것은 성령이라고 가르칩니다. 믿음으로 우리가 구원 받는 순간 성령은 우리 안에 거하시고 우리를 인도하시기 시작하십니다. 이제부터의 승리의 인생 그것은 우리가 우리 안에 거하시는 성령의 인도를 따를 것인가 아니면 구원 받은 성도 안에 아직도 존재하는 타락한 성품인 육체의 소욕을 따를 것인가가 결정한다는 것입니다.

갈라디아서 5장 16절을 읽어보십시오.

"내가 이르노니 너희는 성령을 좇아 행하라. 그리하면 육체의 욕심을 이루지 아니하리라."

이어 19절부터 21절까지 바울 사도는 육체의 욕심을 따라 산 육체의 열매들을 열거합니다. 음행, 더러운 것, 호색, 우상 숭배, 주술, 원수 맺기, 분쟁, 시기, 분 냄, 당 짓는 것, 분열과 이단, 투기, 술 취함, 방탕의 삶이 바로 그런 열매들이라는 것입니다. 그러나 이어 22절에서 그는 성령의 열매들을 열거하지 않습니까? 사랑, 희락, 화평, 오래 참음, 자비, 양선, 충성, 온유, 그리고 절제의 삶을 사는 것입니다.

옛날 청교도들은 이런 이야기로 이 대목의 진리를 가르쳤다고 합니다. 우리 안에는 옛 아담과 새 아담 둘이 살고 있는데 죄가 우리의 마음 문을 두드릴 때 옛 아담(옛 성품, 육신에 속한)이 나아가 반응하면 우리는 죄를 짓고, 새 아담(새 성품, 성령에 속한)이 나아가 반응하면 죄를 이기고 승리한다는 것입니다. 한 걸음 더 나아가 우리가 육체를 좋아하는 일을 하면 옛 아담을 살찌우는 것이고 성령이 좋아하는 일을 하면 새 아담을 살찌우고 그래서 변화된 삶을 살게 된다고 가르쳤습니다. 그것이 바로 갈라디아서 6장 8절 말씀입니다.

"자기의 육체를 위하여 심는 자는 육체로부터 썩어진 것을 거두고
성령을 위하여 심는 자는 성령으로부터 영생을 거두리라."

여러분과 저는 어떻습니까? 육체를 위해 심고 계신가요? 아니면 성령을 위하여 심고 계신가요? 육체의 열매를 사모하십니까? 성령의 열매를 사모하십니까? 갈라디아 교회에서 배우는 건강 교회의 레슨은 무엇입니까? 성령의 열매를 구하는 성도와 교회가 되어야 하겠다는 것입니다.

● 무엇보다 믿음의 공동체에 선을 행하였다

　바울 사도는 갈라디아 성도들에게 우리 안에 거하는 성령의 인도하심을 따라 우리가 선을 행할 첫째 대상은 무엇보다 믿음의 공동체에 속한 가족들이어야 한다고 가르칩니다. 거룩하신 성령은 구원 받은 성도들 안에서 하나님의 선을 행하도록 자극하고 동기를 부여합니다. 그래서 자연스럽게 구원 받은 성도들은 자연스럽게 선행에 대한 욕구를 갖습니다. 그러나 기억할 것은 그때 우리의 선행을 질투하는 마귀의 역사가 반드시 함께 한다는 사실입니다. '호사다마'라고 하지요. 좋은 일에 마귀가 함께 한다는 것입니다. 그래서 우리는 선한 일을 하다가 반드시 좌절을 경험합니다. 그때 영적으로 미성숙한 사람들이 흔히 보이는 반응은 이제부터 선한 일을 하지 말자입니다. 그렇게 되면 누가 제일 좋아할까요? 마귀만 좋아할 것입니다. 그렇기 때문에 전도하다가, 구제하다가, 선교하다가, 봉사하다가 어려운 일 생겼다고 포기하면 안 됩니다. 마귀가 좋아하지 않을 방법으로 어떻게 이 선한 일을 더 잘 이루어 가야 할지 고민하셔야 합니다. 낙심은 예외 없이 마귀에게서 오는 것입니다. 그때 기억할 말씀이 있습니다. 갈라디아서 6장 9절 말씀입니다.

"우리가 선을 행하되 낙심하지 말지니 피곤하지 아니하면 때가 이르매 거두리라."

무엇보다 선한 일 하다가 성도들 사이에 관계의 상처를 입지 않도록 유의하셔야 합니다. 본래 마귀의 전문 사역이 이간시키고 참소하는 일입니다. 마귀를 희랍어로 '디아볼로스'라고 합니다. '디아'(dia)는 '사이에'라는 뜻이고, 볼로스(발로우)는 '갈라놓다'(던지다)는 뜻입니다. 우리는 인간관계의 상처를 사전에 조심해야 하지만 상처를 입었다고 해서 마귀가 좋아할 반응을 보여서는 안 됩니다. 고슴도치의 성숙은 그들이 등에 가진 그 많은 바늘에도 불구하고, 그리고 피할 수 없는 작은 상처들에도 불구하고 서로를 껴안는 것을 배우는 것입니다.

건강한 부부는 상처 없는 부부가 아니라 상처를 사랑으로 극복하는 것을 배운 부부입니다. 그리고 무슨 말을 해도 이제는 상처가 되지 않을 자리에 섰을 때 우리는 이제 이웃들을 돕고 세상을 변화시킬 준비가 된 것입니다. 그래서 우리가 만드는 공동체가 참으로 사랑과 돌봄의 공동체가 될 때 우리는 세상을 치유하고 변화시킬 수가 있습니다.

갈라디아서 6장 10절의 말씀이 그것을 우리에게 가르치고 있지 않습니까?

"그러므로 우리는 기회 있는 대로 모든 이에게 착한 일을 하되 더욱 믿음의 가정들에게 할지니라."

바울 사도는 이미 갈라디아서 5장 13절에서는 "사랑으로 서로에게 종 노릇하라"고 가르친 바가 있습니다. 6장 2절에서는 "짐을 서로 지라"고 가르칩니다. 우리는 다시 여기에서 우리 교회가 셀 공동체로 존재하는 이유를 확인하게 됩니다. 우리가 세상 모든 사람들을 다 사랑할 수는 없겠지만 만일 12명 미만의 이웃들이 우리에게 사랑할 가족으로 주어졌다면 그것은 가능한 사랑의 마당이 아니겠습니까? 저는 물론 목장교회를 문제가 없는 만병통치의 공동체로 묘사하고 싶지는 않습니다. 때때로 우리가 사랑하고자 선한 의도로 다가섰던 사람들에게 반대로 상처를 받을 수 있다는 것도 잘 알고 있습니다. 그러나 그럼에도 불구하고 우리의 신앙의 선배들이 그랬던 것처럼 우리의 선함을 악함으로 곡해하고 오히려 우리에게 상처를 입힌 이웃들을 향하여 변함없는 그리스도의 사랑으로 다시 다가설 준비만 되어 있다면 세상은 우리를 통해 '사랑으로 베푸는 선의 의미'를 알게 될 것입니다. 그리고 세상은 마침내 변화될 것입니다.

1956년 20대의 청년 선교사 짐 엘리엇(Jim Eliot)이 중남미에 콰도르 아우카(Auca) 인디언 족들에게 복음을 전하고자 접촉을 시도하는 과정에서 그와 그의 다섯 친구들이 인디언들의 창에 찔려 죽었습니다. 순교자들의 미망인들과 먼저 회심한 인디언들이 모여 기도회를 열었을 때 누군가 이런 기도를 했습니다.

"오, 하나님, 그들이 하나님을 몰라 이런 일을 했다는 것을 하나님은 아십니다. 그들은 이렇게 사람을 죽이는 것이 얼마나 큰 죄인가를 모르니 그들을 용서하소서. 그러나 우리로 포기하지 않고 계속해서 그들에게 사랑의 메신저들을 보내게 하소서. 아우카 족들에게 사나운 마음 대신에 유순한 마음을 주소서. 오, 주님, 그들은 우리의 친구들을 창으로 찔렀나이다. 그러나 주여, 주는 이제 그들의 마음을 당신의 사랑의 창으로 찔러 주소서. 당신의 말씀으로 찔러 주소서. 그리하여 그들이 믿고 우리의 형제들이 되게 하소서"(엘리자베스 엘리엇, '영광의 문', 윤종석 역, 325p).

이 기도를 드린 지 꼭 3년이 지난 후 짐 엘리엇의 부인 엘리자베스 엘리엇은 자신의 남편을 죽인 일곱 남자 중 두 사람을 그리스도에게로 인도하여 그들과 함께 앉아 하나님을 찬송하게 되었고, 아우카 족 마을은 복음의 능력 앞에 문을 활짝 열었습니다.

갈라디아 교회는 바로 이런 복음의 능력을 필요로 하고 있었던 것입니다. 오늘의 우리 교회에게도 진실로 필요한 것-더 넓은 주차장도 아니고, 더 넓은 공간도 아니고, 새 예배당도 아닙니다. 바로 이런 복음의 능력으로 무장한 사랑의 공동체의 회복이 아니겠습니까!

06 빌립보 교회의 레슨

건강한 교회는
하나 되어
선교
합니다

염려할 모든 것 다 주께 맡기고 기도하며 살라는 것입니다.
주께 맡기면 염려할 것들이 더 이상 내 문제가 아니라
주님의 문제가 되는 것입니다.
그것이 염려를 이기는 길이요
기쁨을 잃지 않는 삶의 비밀이요
그것이 바로 주 안에서 기뻐하는 삶의 방법인 것입니다.

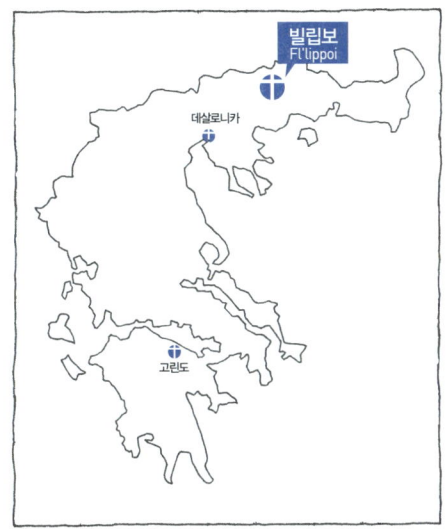

ⓘ 소아시아 7교회 및 신약성경 7교회

원 지명 필리피 Philippi　　**현재 지명** 필리포 Filippoi

빌립보는 옛 마케도니아(성서상의 이름은 마케도냐) 지방에 속해 있고 국가로는 그리스에 속합니다. 사도행전 16장에 보면 바울 사도가 제 2차 전도 여행 중 아시아(터키) 방향을 향해 가며 전도하다가 문이 닫히면서 밤중에 마케도니아인(아시아의 반대 방향인 유럽 사람)의 환상이 나타나 "와서 우리를 도우라"는 외침을 듣고 드로아(Troas, 고대 트로이의 영토, 현재 터키 차나칼레 주)의 아수스(Assos) 항구를 떠나 마케도니아의 첫 성 빌립보에 도착하게 됩니다. 안식일에 바울 사도가 강가에 나갔다가 소아시아에서 온 자주(자색 옷감) 장사 루디아를 만난 전도를 하고 루디아의 집에 들어가 그의 가솔에게 침례를 주고, 그녀의 집에서 모임을 계속합니다. 이 루디아의 집에서 모인 목장교회가 바로 빌립보 교회이며 유럽 최초의 교회였습니다.

PART 2 건강한 교회의 7가지 모델　189

우리가 사모하는 건강한 교회

여러분께 잠깐 퀴즈를 내 볼까요?

첫째 퀴즈입니다. 한국 최초의 교회의 이름은? 예, 1884년(1883년이라는 설도 있음) 황해도 장연군 대구면 송천리(본명은 손샘, 혹은 솔내)에 세워진 '소래교회'입니다. 날이 좋은 날 백령도 섬에서 보면 바다 건너편으로 눈에 들어오는 곳이기도 합니다. 본래는 초가집이었지만 부흥되면서 후일 기와집으로 새로 짓게 됩니다. 용인시 양지면에 있는 총신대 캠퍼스에 바로 이 기와집 교회(16칸 32평짜리)를 복원해 두었습니다. 우리가 특히 이 교회에 대하여 자랑스럽게 생각할 것은 이 교회는 서양 선교사가 아닌 한국 사람의 손으로 세운 자생 교회였다는 사실입니다. 본래 평안북도 의주 출신으로 만주를 오가는 인삼 장수 서상륜(徐相崙, 1848-1926)이라는 사람이 만주에 갔다가 열병에 걸려 죽을 위기에 처했을 때(당시 30세) 스코틀랜드 의료 선교사 헌터(Hunter.JM)에게 치료를 받았고 헌터의 동료 선교사였던 존 매킨

타이어(John Mcintyre)와 존 로스(John Ross) 선교사에게 전도를 받고 그리스도인이 됩니다. 1882년 그는 최초의 한글 번역 성서인 누가복음을 갖고 국경을 넘다가 체포됩니다. 그러나 감옥에서 탈옥하여 외가였던 황해도 송천리에 와서 은거하며 전도 활동을 시작합니다.

처음에는 친척이나 동네 사람 몇몇과 한 초가집에서 예배를 드렸습니다. 이 초가집에서 모인 목장교회가 바로 한국 교회 최초의 교회였던 것입니다. 그러다가 이듬해에 20명이 모이고, 언더우드 선교사에 의해 그의 동생 서경조(徐景祚, 1852-1938, 우리나라 최초의 일곱 목사 가운데 한 사람으로, 그 후손 중의 한 분이 현재 조선족 선교를 하며 기독교 사회 책임에서 활동하는 서경석 목사임) 등이 세례를 받으면서 이 교회는 한국 교회의 모태가 되고 한국에 오는 선교사들이 모두 이곳에 와서 한국어를 공부하게 됩니다. 침례교 첫 선교사인 펜윅(M. C. Fenwick)도 이곳에 와서 서경조를 선생 삼아 한글을 배운 후 원산으로 교회 개척을 위해 떠납니다.

둘째 퀴즈입니다. 유럽 최초의 교회는?

예, 빌립보 교회입니다. 빌립보(Philippi)는 마케도니아(성서상의 이름은 마게도냐) 지방에 속해 있고 국가로는 그리스에 속합니다. 사도행전 16장에 보면 바울 사도가 제 2차 전도 여행 중 아시아(터키) 방향을 향해 가며 전도하다가 문이 닫히면서 밤중에 마케도니아인(아시아의 반대 방향인 유럽 사람)의 환상이 나타나 "와서 우리를 도우라"는 외침을 듣고 드로아(Troas, 고대 트로이의 영토, 현재 터키 차나칼레 주)의 아수스(Assos) 항구를 떠나 마케도니아의 첫 성 빌립보에 도착하게 됩니다. 안식일에 바울 사도가 강가에 나갔다가 소아시아에서 온 자주(자색 옷감) 장사 루디아를 만나 전도를 하고 루디아의 집에 들어가 그의 가솔에게 침례를 주고, 그녀의 집에서 모임을 계속합니다. 이 루디아의 집에서 모인 목장교회가 바로 빌립보 교회이며 유럽 최초의 교회였던 것입니다.

그 후 주후 61-62년경 바울이 전도하다가 로마 가이사의 재판을 받기 위해 로마의 감옥에 갇혔을 때 빌립보 교회는 에바브로디도(빌 2:25-30)라는 성도를 보내어 선교 헌금을 전달하게 됩니다. 바울은 감사와 함께 그가 전해들은 소식에 근거하여 빌립보 교회에 대한 그의 기대를 편지로 답장합니다. 그것이 바로 로마의 옥중에서 기록된 빌립보서입니다.

자, 그러면 빌립보 교회를 향한 바울의 권면에서 배우는 건강한 교회의 모습은 무엇일까요?

● 주 안에서 하나였다

　빌립보 교회는 처음부터 비교적 건강한 교회로 성장해 갔습니다. 그러나 불완전한 사람들이 모여 형성하는 교회에 문제가 없을 수는 없습니다. 특히 성도 사이에도 인간관계의 갈등은 피할 수 없는 것이었습니다. 빌립보 교회도 예외가 아니었습니다. 특히 성경은 두 여자 성도 사이에 존재한 갈등을 보여 주고 있습니다. 4장 2절을 다시 보십시오. "내가 유오디아를 권하고 순두게를 권하노니 주 안에서 같은 마음을 품으라"고 권고하지 않습니까? 유오디아나 순두게는 모두 여성의 이름입니다. 아마도 빌립보 교회는 루디아의 집에서 시작되었기에 여성 성도들의 영향력이 처음부터 크지 않았을까 생각합니다. 모르긴 몰라도 유오디아와 순두게는 지금의 여전도회 회장님과 총무님 혹은 권사회 회장님과 부회장님이었을지도 모릅니다. 바울은 그들에게 주 안에서 같은 마음을 품으라고 권합니다. 이 두 지도자의 개인 갈등이 교회의 짐이 되고 있었기 때문입니다.

　바울은 이 두 사람을 비난하기보다 교회 공동체가 이 두 사람을 도와주어 문제가 해결되게 해야 한다고 권합니다. 3절입니다. "또 참으로 나와 멍에를 같이 한 자 네게 구하노니 복음에 나와 함께 힘쓰던 저 부녀들을 돕고" 그러면서 이 문제를 해결하는 중요한 관점을 이 구절의 끝에 제시합니다. "그 이름들이 생명책에 있느니라." 이것은 무엇을 뜻합니까?

생명책에 이름이 있다는 말은 그들이 다 구원 받아 천국에서 영생을 함께 누릴 자들이란 말입니다. 우리는 흔히 교회 내에서 인간관계상의 갈등을 겪게 되면 "그 인간 보기 싫어 교회 옮기겠다"고 말합니다. 그런데 기억하실 것이 있습니다. 그 인간을 천국에 가도 만나게 된다는 것입니다. 그러면 그 인간 보기 싫어 천국을 포기하시겠습니까? 그럴 수는 없지요? 그러면 아예 지금부터 마음을 바꾸시라는 것입니다. 여기서부터 사이좋게 지내는 연습을 하시라는 것입니다.

우리가 서로 기질이 다르고 생각도 다를 수가 있습니다. 그러나 그럼에도 우리가 여전히 하나 됨의 교제를 할 수가 있습니다. 바울은 이미 그 방법을 빌립보서 2장 1-11절에서 가르친 바가 있습니다. 2장 2절에도 같은 메시지가 나옵니다. "마음을 같이하여 같은 사랑을 가지고 뜻을 합하여 한 마음을 품어"라고 합니다. 이 한 마음의 공통분모가 무엇입니까? 2장 5절입니다. "너희 안에 이 마음을 품으라. 곧 그리스도 예수의 마음이니"라고 가르칩니다. 당신도 예수의 마음을 나도 예수의 마음을 품는다면 당신과 나 사이에 저 바다가 있을 필요가 없다는 것입니다.

그러나 여전히 물음은 계속됩니다. 예수의 마음은 무엇인가라는 것입니다. 바울은 이 물음을 2장 6-11절에서 답하고 있습니다. 예수가 누구십니까? 하나님만큼 높으신 분, 하나님과 동등하신 분, 아니 그가 바로 하나님 자신이 아니십니까? 그런 분이 자신을 낮추시고 인간이 되고 종이 되어 이 땅에 오셨다면 우리도 좀 자신을 낮추면 안 되겠느냐는 것입니다. 문제는 자신을 낮추지 못하는 교만-이것이 우리의 갈등의 정체가 아니겠습니까? 그리하여 진실로 겸손으로 하나 되는 교회가 되라는 것입니다.

● 기쁨을 잃지 않았다

바울 사도는 인간관계의 갈등을 넘어서서 빌립보 교회가 진실로 기뻐하는 교회로 서도록 권면하고 있습니다. 4장 4절입니다.

"주 안에서 항상 기뻐하라 내가 다시 말하노니 기뻐하라."

우리가 인간관계의 갈등을 경험하면 제일 먼저 잃어버리는 것이 무엇입니까? 기쁨 아닙니까? 그리고 우리가 기쁨을 잃는다면 어떻게 세상을 향해 전도하는 공동체가 될 수 있겠습니까? 그래서 사도는 우리가 기쁨을 회복해야 한다는 것입니다. 4장 5절 이하는 기쁨을 회복하기 위한 비결을 말하고 있습니다. 5절에서는 관용해야 한다고 가르칩니다. 여기서 관용의 의미는 감정을 절제하고 이성적으로 서로를 너그럽게 대하라는 것입니다. 우리 식으로 말하면 열 받지 말라는 것입니다. 그리고 그 이유를 "주께서 가까우시니라"고 말합니다.

여러분, 주님 앞에 서는 날 무엇보다 주께 구할 것이 무엇인지 아십니까? "저에게 관용을 베풀어 주십시오"입니다. 그렇다면 나도 나를 열 받게 하는 이웃들에게 지금 여기서부터 관용을 베풀며 살라는 것입니다. 그래야 우리는 기쁘게 살 수가 있습니다. 그리고 6절 이하에서는 기도하며 살라고 권합니다. 염려할 모든 것 다 주께 맡기고 기도하며 살라는 것입니다. 주께 맡기고 기도하며 살라는 것입니다. 주께 맡기면 염려할 것들이 더 이상 내 문제가 아니라 주님의 문제가 되는 것입니다. 그것이 염려를 이기는 길이요 기쁨을 잃지 않는 삶의 비밀이요 그것이 바로 주 안에서 기뻐하는 삶의 방법인 것입니다.

다시 4장 4절을 보십시오. "주 안에서 기뻐하라"고 하셨지요. 여기 "주 안에서"의 의미가 무엇입니까? 우리가 어떤 상황, 어떤 환경 속에서도 주 안에 있음을 기억하신다면, 그리고 기도하며 나아가신다면 주님은 주를 사랑하는 모든 자들에게 모든 것이 합력하여 선을 이루어 주실 것입니다. 그래서 우리는 우리를 둘러싸고 있는 아직도 어두운 이 상황 속에서도 여전히 기뻐하며 여전히 찬양할 수가 있는 것입니다. 저는 이것이 "주 안에서 기뻐하라. 항상 기뻐하라"는 말씀의 참 의미라고 믿습니다. 바울 사도 자신이 비록 로마의 감옥 안에서 이 편지를 쓰지만 이 편지를 받는 빌립보 교회와 성도들은 정말 주 안에서 행복하고 기쁘게 사는 모습을 보고 싶었던 것입니다. 자신이 행복하지 않은, 자신 안에 기쁨이 없는 이들이 어떻게 그 주변의 사람들을 변화시킬 수 있겠습니까? 바울이 보고 싶었던 교회와 성도들, 그들은 그들을 둘러싼 현실과 상관없이 하나님의 주권과 섭리를 믿음으로 감사하고 행복하고 기뻐하는 공동체였던 것입니다. 오늘도 변함없이 주께서 기대하는 교회의 모습은 기뻐하는 공동체입니다.

● 기꺼이 선교에 **참예하였다**

바울 사도는 빌립보 서신의 마지막 부분에서 이 교회 성도들의 선교 정신을 칭찬하며 감사하고 있습니다. 4장 15절의 말씀을 읽겠습니다.

"빌립보 사람들아 너희도 알거니와 복음의 시초에 내가 마게도냐를 떠날 때에 주고받는 내 일에 참예한 교회가 너희 외에 아무도 없었느니라." 바울이 준 것이 무엇이겠습니까? 복음이지요. 그러면 바울이 받은 것이 무엇입니까? 복음을 받아들이고 구원을 경험한 빌립보 성도들이 기뻐하며 바울이 빌립보를 떠날 때 이 소중한 복음을 더 많은 사람들에게 전하도록 바울에게 선교 헌금을 전달한 것입니다. 그런데 이때 한 번으로 빌립보 성도들의 헌신이 끝나지 않았습니다. 계속되는 16절을 보실까요. "데살로니가에 있을 때에도 한 번 두 번 나의 쓸 것을 보내었도다"고 했습니다. 빌립보 교회는 지속적으로 바울 사도의 선교를 물질적으로 지원하고 도왔던 것입니다. 바울은 4장 18절에서 이런 빌립보 성도들의 헌신에 대하여 "이는 받으실 만한 향기로운 제물이요 하나님을 기쁘시게 한 것이라"고 말합니다.

그러나 사려 깊었던 바울은 이렇게 빌립보 성도들을 격려하면서도 이런 칭찬이 또 다른 선교 헌금을 요구한 것으로 오해되거나 그렇게 비치기를 원치 않았습니다. 4장 17절을 읽어 보십시오.

"내가 선물을 구함이 아니요 오직 너희에게 유익하도록 풍성한 열매를 구함이라."

바울이 기뻐했던 의도는 단순했습니다. 복음을 듣고 믿은 빌립보 성도들이 이제 바울의 선교 사역을 도울 생각을 한 것은 분명한 신앙의 성숙이요 열매를 뜻하는 것이었습니다. 바울은 그것이 기쁘고 대견하고 감사했던 것입니다. 선교야말로 우리의 신앙 성숙의 가장 분명한 열매인 것입니다. 부모의 일방적 은혜를 받고 자란 우리 자녀들의 성숙의 증거가 무엇입니까? 이제 부모에게 받은 은혜를 깨닫고 부모 생각할 줄 알고 부모에게 감사할 줄 아는 마음 아니겠습니까? 자녀에게 작은 선물을 받고 기뻐해 보셨습니까? 그것이 대단한 선물이어서 부모가 감격하나요? 아니지요, 부모 생각할 줄 아는 그 성숙한 마음이 대견하고 기뻐서 그런 것 아니겠습니까? 바울의 심정이 그랬고 하나님의 심정이 그러하시지 않겠습니까? 그렇다면 우리는 언제까지나 주께 복을 구하고만 살겠습니까? 이제는 선교에

헌신하실 때도 되지 않으셨습니까? 이것이 우리 지구촌 목장교회들의 사역으로 선교를 강조하고 구제를 강조하는 이유인 것입니다. 아니면 우리들의 목장 모임이 단순한 친교 파티로 끝날 수도 있기 때문입니다. 그러나 루디아의 집에서 시작된 빌립보 교회의 진지한 선교 헌신, 이것은 마침내 유럽 대륙을 복음화하고, 위대한 유럽 기독교 문명의 기초를 만드는 놀라운 미래를 가져온 것입니다.

저는 오늘의 메시지를 한국 최초의 소래교회 이야기로 시작했습니다. 소래교회는 개척 2년 만에 교인이 70여 명으로 늘어납니다. 예배 장소가 비좁아지자 1895년 8칸짜리 기와집을 증축합니다. 이때 언더우드 등 선교사들이 돕겠다고 하자 소래교회 성도들은 우리의 헌신으로 새 교회당을 짓겠다며 사양합니다. 이듬해 교회는 다시 8칸을 더 늘립니다. (16칸 32평) 이때 교인 수는 200명이었습니다. 대부분의 성도들은 그 어려운 삶 중에서도 성경이 가르치는 대로 십일조를 실천했고 구제를 실천했고 소래를 기점으로 인근 7개 지역, 장연읍, 송화, 은율, 풍천, 문화, 해주, 옹진 등 7개 마을에 교회를 개척하기로 하고 선교 헌금을 작정했습니다. 그리하여 교회들이 배가하고 예배당 종소리가 마을들을 깨우기 시작합니다. 교회 설립 4년

이 지나가는 시점에서 이 인근 지역에는 주색잡기, 투전, 미신이 없어지고 농사가 잘되어 마을들이 풍년을 맞게 되자 안 믿는 사람들까지 예수쟁이들의 하나님이 살아 계시다고 고백하며 구원 받는 사람들이 교회마다 더해 갔습니다.

한편 소래교회는 소래 마을 한 사랑방을 빌려 학교를 시작합니다. 수년 후 이 학교는 이 마을에서 열병을 앓다가 순교한 매켄지(W. J. Mackenzie) 선교사의 유산 헌금으로 정식 4년제 보통학교가 됩니다. 여러분, 이 학교 출신들을 열거해 볼까요? 나중에 세브란스 첫 졸업생이 된 김필순 경신학교 첫 졸업생 서병호, 세브란스 전 원장 김명순, 그리고 김필례, 김마리아, 김함라-이런 쟁쟁한 민족 지도자들이 이 한국 최초의 교회에서 나왔던 것입니다. 작은 초가집 목장교회가 낳은 한국 교회 기적의 시작이었습니다. 자랑스럽지 않으신가요?

그러나 더 중요한 사실은 이것입니다. 만일 우리가 이 처음 교회의 사랑과 헌신을 배울 수 있다면 그 기적은 또 한번 일어날 수 있다는 것입니다. 그리고 그때 우리들의 목장교회의 별명은 치유하고 세상을 변화시키는 교회가 될 것입니다.

07 데살로니가 교회의 레슨

건강한 교회는
재림을 향한
특별한 열정이
있습니다

언제라도 내 인생이 끝날 수 있다는 것을 준비하고 사는 것,
이것이 종말 신앙의 본질입니다.
그것이 주께서 재림을 가르치면서도
그날을 비밀에 부치신 이유입니다.
그분이 오늘 오실 수도 있다고
생각하고 살라는 것입니다.

🛈 소아시아 7교회 및 신약성경 7교회

원 지명 테살로니키 Thessalonik   **현재 지명** 테살로니키 Thessalonik

유럽 내륙의 출구에 해당하는 중요한 위치에 있었기 때문에 고대 시대부터 번영하였습니다. 1세기에 사도 바울이 이곳에 교회를 세웠으며, 305년 갈레리우스 황제가 페르시아를 정복한 것을 기리기 위해 개선문을 건설하였는데 오늘날까지도 남아 있습니다. 동로마 시대에도 콘스탄티노폴리스 다음 가는 도시로 번영하였고, 수많은 교회가 세워졌습니다. 현재도 그리스 제 2의 도시로 발전하고 있으며 세계 유산 목록에 등록되어 있습니다.

우리가 사모하는 건강한 교회

우리가 소그룹 공동체인 셀교회를 강조하고 종려주일과 같은 특별한 주일을 선택하여 성도들의 가정에서 주일 예배를 드리는 실험을 하는 데는 몇 가지 중요한 목적이 있습니다.

첫째는, 교회의 본질이 건물이 아니라는 성경적 사실을 확인하고 싶은 것입니다. 만일 교회의 본질이 교회당이라면 교회는 건물이 없어지는 날 함께 없어져야 할 것입니다. 그러나 진정한 교회는 건물에 의존하지 않아도 존속할 수 있어야 합니다.

초대교회가 시작되고 나서 처음 300년 간 교회는 이 땅에서 그렇게 존재하여 왔습니다. 중국 문화혁명 당시 교회당이 폐쇄되었지만 중국 교회는 없어지지 않았습니다. 우리가 잘 아는 대로 그들은 지하 교회 혹은 가정 교회라는 이름으로 여전히 존재하며 예배와 선교의 사명을 다할 수 있었습니다.

둘째는, 우리 교회 모든 평신도가 평신도 목사의 사명을 감당하는 모습을 보고 싶은 것입니다. 종교 개혁의 중요한 발견은 이른바 '만인 제사장'직이었습니다. '만인 제사장'이란 전문적인 훈련을 받은 성직자들뿐만 아니라, 예수님을 만난 모든 평신도들도 직접적으로 주님께 나아갈 수 있으며 누구나 소명 받아 사역할 수 있다는 것입니다. 그러나 많은 경우 이것은 구호에 그치는 경우가 많고 한국 교회는 특히 목회자 의존도가 높은 특성을 지니게 되었습니다.

그러나 만일 중국 교회가 목회자만을 의존하는 교회였다면 중국 교회는 문화혁명 당시 존재할 수 없었음을 생각해 보십시오. 당시 중국 정부는 모든 선교사들을 추방했고 모든 성직자들의 기능을 중지시켰습니다. 그러나 지하로 들어가 작은 가정 교회로 존재하기 시작한 중국 교회들에서 모든 성숙한 평신도 지도자들이 목사가 되어 예배를 인도하고 가르치며 전도하기 시작한 것입니다. 그것이 오히려 중국 교회의 더욱 폭발적인 성장을 초래한 것입니다.

우리가 목장교회 종려주일을 갖는 셋째 목적은 그 동안 소그룹 공동체인 작은 교회 목장교회에 참여하지 못했던 분들에게 참여의 기회를 드리고자 하는 것입니다.

우리 교회가 목장교회를 선언하고 주일 예배 이상으로 이 작은 공동체 모임의 중요성을 강조하는 교회로 전환한 이유는 단 하나였습니다. 그것은 포기할 수 없는 건강한 교회의 비전 때문이었습니다. 건강하지 못한 교회의 기준이 무엇입니까? 한마디로 구경꾼이 다수인, 삶의 나눔이 없는 교회입니다. 야구장이나 축구장을 가득 채운 구경꾼들은 경기가 계속되는 몇 시간 동안 흥분과 함성을 내지르며 흥분하기도 하고 즐거워하기도 하지만 그것으로 인생이 변하지는 않습니다. 경기가 끝나면 언제 그런 일이 있었는가 싶게 이들은 뿔뿔이 흩어져 갑니다. 저는 우리 교회가 그렇게 되는 것이 두려웠습니다. 그러나 우리가 12명 이내의 소그룹으로 공동체를 이루기 시작하면 절대로 옆에 있는 이웃들에게 무관심할 수 없습니다. 내 이웃들의 고민에 귀를 기울이게 되고 그들의 신앙 성숙에 진지한 관심을 갖지 않을 수 없게 됩니다. 이런 삶의 나눔으로 치유와 변화 그리고 성숙이 일어나는 것을 확인해 오지 않았습니까? 그것이 지구촌 교회 성도라면 우리가 목장교회에 반드시 소속하여 삶을 나누며 살아야 하는 이유인 것입니다.

오늘 우리는 신약 성경이 보여 주는 또 하나의 건강한 교회, 데살로니가 교회를 생각해 보고자 합니다. 이 교회는 바울 사도가 그의 제 2차 전도 여행 중 유럽에 속한 마케도니아 빌립보에 와서 전도한 후 다음 선교지로 찾아간 도시가 바로 데살로니가(Thessaloniki, 테살로니키, 현재 그리스의 항구 도시)였습니다(행 17장). 바울은 이 도시에 에베소나 고린도처럼 오래 머문 것으로 보이지는 않습니다. 학자들은 짧게 잡으면 3주(아마도 회당에서 가르친 기간), 길게 잡아 7, 8개월 정도를 머물렀지만 그러나 선교 효과는 대단했고 이 도시에 아주 건강하고도 영향력 있는 교회가 태어났다고 보고 있습니다. 바울은 이 도시에서 바울의 전도에 저항했던 유대인들의 박해를 피하여 고린도로 떠난 후 다시 얼마 전에 태어났던 이 데살로니가 교회가 건강한 교회로 성장해 가도록 주후 52년경 고린도에서 쓴 편지가 바로 데살로니가서입니다. 자, 그러면 우리가 데살로니가 교회에서 배우는 건강한 교회의 모습은 무엇일까요?

● 성령의 기쁨으로 **말씀을 받았다**

데살로니가전서 1장 5절에 보면 데살로니가 교회에는 분명한 복음이 성령의 능력으로 전파되었고, 6절에 의하면 데살로니가인들은 성령의 기쁨으로 이 말씀을 받았다고 했습니다. 교회라는 공동체가 다른 모든 세속적 공동체와 구별되는 것은 하나님의 말씀의 가치관에 근거하고 있다는 것입니다. 성경은 우리가 이 말씀으로 거듭나 그리스도인이 된다고 가르칩니다. 그리고 우리는 이 말씀에 의해 영적으로 자라나는 것입니다. 그래서 성경은 이 말씀이 영적인 젖(우유)이고 단단한 고기라고 가르칩니다. 그리고 성숙한 그리스도인들이 세상을 향해 선포하는 것도 바로 이 말씀인 것입니다. 주께서 당신의 제자들에게 주신 가장 큰 선물이 바로 이 말씀인 것입니다. 요한복음 17장 8절에 보면 예수께서 십자가로 가시기 직전에 이렇게 기도 중에 말씀하십니다.

> "나는 아버지께서 내게 주신 말씀들을 저희에게 주었사오며 저희는 이것을 받고 내가 아버지께로부터 나온 줄을 참으로 아오며 아버지께서 나를 보내신 줄도 믿었사옵나이다."

이것이 우리가 모일 때마다 우리들의 이야기도 나누지만 무엇보다도 하나님의 말씀을 나누는 이유입니다. 중요한 것은 이 말씀이 선포되고 나누어질 때 우리가 어떻게 이 말씀을 받느냐는 것입니다.

똑같은 말씀을 받는데 어떤 사람의 인생은 변하고 어떤 사람의 인생은 전혀 변하지 않습니다. 왜 그럴까요? 말씀이 능력이 없어서일까요? 문제는 말씀을 받아들이는 사람들의 태도가 문제인 것입니다. 이것이 바로 '씨 뿌리는 비유'에서 네 가지 마음 밭을 이야기하신 이유입니다. 씨는 같은데, 밭이 다릅니다. 길가도 있고, 돌밭도 있고 가시밭도 있지만 좋은 땅도 있었습니다. 데살로니가인들의 마음 밭이 좋은 땅이었던 것입니다. 이 때문에 짧은 시일에도 좋은 결실을 거두게 한 것입니다.

데살로니가 전서 2장 13절을 보십시오. 바울이 데살로니가 교인들의 무엇에 감사하고 있습니까?

> "이러므로 우리가 하나님께 쉬지 않고 감사함은 너희가 우리에게 들은 바 하나님의 말씀을 받을 때에 사람의 말로 받지 아니하고 하나님의 말씀으로 받음이니 진실로 그러하다. 이 말씀이 또한 너희 믿는 자 속에서 역사하느니라."

바로 이것이 비밀입니다. 나는 우리 교회와 우리들의 목장교회가 바로 그런 교회가 되기를 기대합니다.

● 믿는 자의 **본이 되었다**

오늘날 우리 시대 우리 사회가 직면한 가장 큰 문제는 역할 모범을 상실하고 있다는 것입니다. 본받을 만한 지도자를 상실한 사회가 되었다는 것입니다. 오죽하면 이런 유머가 유행할까요?

어떤 선생님이 학교에서 우리 사회는 더 이상 정치가나 사업가 가운데에서는 투명한 지도자를 찾을 수 없다고 하자 어떤 학생이 손을 들더니 이렇게 말했습니다.

"선생님, 가장 투명한 사람들은 연예인들뿐입니다."

"아니, 어째서?" 선생님이 의아한 표정으로 물었습니다.

"연예인들은 잘 벗잖아요."

데살로니가 교회의 행복은 그들이 본받을 대상이 있었고 그들을 잘 본받아 마침내 그들도 본 받을 교회가 되었다는 것입니다. 1장 6절 하반부와 7절을 보십시오.

> "우리와 주를 본받은 자가 되었으니 그러므로 너희가 마게도냐와 아가야 모든 믿는 자의 본이 되었는지라."

이 교회 내에서는 성숙한 성도들이 때로는 아버지처럼 훈계하고 때로는 어머니처럼 사랑하며 때로는 형님, 누님, 언니, 오빠처럼 서로를 세우고 서로에게 본이 되고 있었던 것입니다.

2장 7절에서는 "유순한 자 되어 유모가 자기 자녀를 기름과 같이 하였으니" 했습니다. 그러나 2장 11절에서는 "아비가 자기 자녀에게 하듯 권면하고 위로하고 경계하노니"하고 말합니다. 그리고 이런 교제가 가능했던 것은 데살로니가 교회가 집에서 모임을 갖고 있었기 때문이었습니다.

사도행전 17장에 보면 바울 사도가 처음 데살로니가 교회에 도착하여 회당을 중심으로 약 3주일 정도 전도했던 것으로 보입니다. 그러나 어떤 유대인들이 시기하고 반발했습니다. 그래서 사도행전 17장 5-7절에 보면, 사도는 모임 장소를 야손이라는 사람의 집으로 옮긴 것으로 보입니다. 사도행전 17장 7절을 보십시오.

"야손이 들였도다. 이 사람들이 다 가이사의 명을 거역하여 말하되 다른 임금 곧 예수라 하는 이가 있다 하더이다 하니"

야손의 집에서 모여 서로를 사랑하고 권면한 모임, 이것이 바로 데살로니가를 변화시킨 모체가 된 것입니다. 이와 똑같은 역사가 오늘날 우리의 목장교회에서 일어날 수 있다고 믿습니다.

● 주의 오심을 **특별한 열정으로 기다렸다**

데살로니가 교회에서 배우는 또 하나의 모습은 이 교회가 주의 오심을 특별한 열정으로 기다리는 교회였다는 것입니다. 신학적으로 말하면 종말론적인 교회였습니다.

오늘날 성도들은 종말론의 이해에 대하여 일반적으로 두 가지 극단적인 입장을 갖고 있는 것 같습니다. 하나는, 1999년 말 이 땅에 일부 종말론적 교회(다미 선교회, 다베라 선교회 등)가 보여 주었듯이, 현실을 도피하고 가정과 사회를 버리고 밤 12시에 모여 기도하며 예수님의 재림을 기다리는 모습이고, 또 하나는 이런 병적 신앙에 놀라서 아예 예수님의 재림 그 자체를 부인하거나 무시하는 적지 않은 성도들의 모습입니다.

그런데 데살로니가 교회 내에도 그런 두 가지 경향의 성도들이 모두 있었던 것으로 보입니다. 우선 예수님의 재림을 기다린다는 구실로 자기의 일상적인 일을 등한시 하는 자들에게 바울은 데살로니가후서 3장 10절에서 "누구든지 일하기 싫어하거든 먹지도 말게 하라"고 말합니다. 그리고 이런 규모 없이 무질서하게 사는 것은 그리스도인다운 삶이 아니며 이런 삶을 사는 자들에게서 떠나라고 권면합니다.

그러나 바울은 여전히 그리스도의 강림을 기다리는 것은 우리의 중요한 신앙 고백인 것을 분명하게 전달합니다. 이미 데살로니가 1장 10절에서 데살로니가 인들이 받은 신앙의 중요한 고백의 일부가 재림 신앙인 것을 확인하고 있지 않았습니까?

> "또 죽은 자들 가운데서 다시 살리신 그의 아들이 하늘로부터 강림하심을 기다린다고 말하니 이는 장래 노하심에서 우리를 건지시는 예수시니라."

성경이 가르치는 종말 신앙의 본질이 무엇이겠습니까? 내가 오늘 세상을 떠나 주님 앞에 서도 부끄럼이 없도록 준비하는 것입니다. 데살로니가전서의 결론이 무엇인 줄 아십니까? 5장 23절입니다.

> "평강의 하나님이 친히 너희로 온전히 거룩하게 하시고 또 너희의

> 온 영과 혼과 몸이 우리 주 예수 그리스도 강림하실 때에 흠 없게 보존되기를 원하노라."

그래서 **언제라도 내 인생이 끝날 수 있다는 것을 준비하고 사는 것, 이것이 종말 신앙의 본질**인 것입니다. 그것이 주께서 재림을 가르치면서도 그날을 비밀에 부치신 이유입니다. 그분이 오늘 오실 수도 있다고 생각하고 살라는 것입니다.

개인적으로 친분이 있는 여류 문학가 권사님이 있습니다. 이 분은 건강이 안 좋게 느껴져 병원에 갔는데, 암 진단을 받았습니다. 그런데 처음에 본인은 이 사실을 모르다가 우연히 병실 밖에서 가족들이 이야기하는 것을 듣고 자기가 암에 걸린 것을 알았습니다. 이 분은 믿음이 좋은 분이었는데, 그 사실을 안 날부터 죽음 준비를 했습니다. 만날 사람 다 만나고 용서할 사람 용서하고 용서 받을 분에게 용서 받고 편지 쓸 사람에게 편지를 했답니다. 갚을 돈이 없나 살펴서 있으면 갚고, 지키지 못한 약속이 없나 살펴서 다 정리했습니다. 유산도 정리하고, 평소에 부담이 있었던 선교사님들에게 선교 헌금도 보내고, 유언서도 작성했습니다. 그런데 병세가 더 나빠지질 않았습니다. 이상하다 싶었는데, 누군가가 다른 병원도 가 보라고 해서 혹시나 하는 마음에 갔더니 오진이라는 것입니다. 그리고 얼마가 지난 다음에 그분을 만났습니다.

"권사님, 지금까지 인생 정리하느라 돈도 많이 쓰고 했는데, 후회 안 되시나요?" 하고 물었습니다. 그랬더니 권사님 대답이 인상 깊었습니다.

"아녜요. 목사님, 제가 지난 몇 달처럼 인생을 진지하게 산 적이 지금껏 없었어요. 앞으로 남은 인생도 그렇게 살고 싶어요."

이것이 바로 종말 신앙이요 재림 신앙인 것입니다. 초대교회는 바로 이 신앙으로 세상을 변화시켰던 것입니다. 여러분, 이렇게 믿고 살며 전도하던 데살로니가에 도착한 그리스도인들에게 데살로니가 시민들이 붙여 준 별명을 아시나요?

사도행전 17장 6절입니다.

"천하를 어지럽게 하던 이 사람들이 여기도 이르매"

그런데 이 대목을 영어 성경(KJV)에서는 어떻게 번역하고 있는지 아십니까?

"These that have turned the world upside down."

세상을 뒤집어 놓은 사람들이라는 말입니다. 이것이 바로 교회가 할 일입니다. 복음으로 세상을 변화시키는 일 말입니다. 이것은 교회가 진정한 사랑의 공동체가 되어 우리의 이웃들을 품고 나아갈 때 비로소 가능한 일입니다. 주의 오심을 기다리며 사모하는 우리들의 모임 가운데서도 이런 간증이 나올 것을 기대합니다.